競争か

高橋 均＝著

労働の尊厳が尊重される社会をつくるための労働運動の力と
暴走する市場経済の領域を縮小・相対化するための労働者自主福祉事業・協同組合経済が結合し、
連携を再構築すること、そのうえで、それぞれの組織が「共益」の殻を超えて
「公益」組織へ脱皮することが必要であることを指摘したいと思う。

協同組合と労働組合の歴史と可能性

連帯か

旬報社

はじめに　連帯・友愛・絆の意味を考える

——映画「ボタ山の絵日記」から見えてくるもの

筆者もかかわっている「働く文化ネット」というNPO法人が、このほど「日本の労働映画百選」の選定を行い発表した。明治以降今日まで、日本で撮影された映画のうち「労働者の仕事や暮らしの実態を直接の描写対象とするもの、労働者の仕事とくらしの維持・改善をめざす運動や取り組みを描くもの」を労働映画と定義し、該当する映画一二八一本の目録を作成するとともに、代表作一〇〇本を「日本の労働映画百選」として選んだのである。

「百選」に選ばれた映画の一本に今から六〇年ほど前、筆者が小学生時代だった一九五七(昭和三二)年に撮られた「ボタ山の絵日記」という三九分のドキュメンタリー映画がある。これは九州北部の炭鉱地域の小学校長期欠席児童の生活と労働、彼らを学校に復帰させるために力を注ぐ教職員、地域の人々の活動の記録である。

小中学校の教科書無償化は一九六四年から順次始まり完全実施されたのは六九年だった。それ以前は、貧しさゆえに教科書が買えず学校に通えない子どもたちが一〇〇万人を超え、全国的に深刻な問題だった。とくに北九州の産炭地では長期欠席児童が多かったのである。

「ザリガニ」のシーンに子どもたちの労働と生活、連帯が見える

映画の中に、下はまだ三歳ぐらいの小さな子どもから上は高学年の学校に通えない一〇人の子どもたちが、そろって沼地にザリガニを獲りに行き、獲ったザリガニを分配する五分ほどのシーンが出てくる。

「魚が買えないのでザリガニを食べます。これを蒸して塩を振って食べるのです」というナレーションとともに子どもたちがみんな泥んこになって楽しそうに笑顔でザリガニを獲る姿が映される。獲れたザリガニは八六匹、それぞれの家の人の数は全部で二八人、地面に86÷28の計算式が書かれ、答えは3あまり2と計算していく。

「やはり大きい子がたくさん獲りました。けれども分けるときは公平に分けるのです」。一番たくさん獲った徹夫君は「お父さんと二人で六匹」、一匹も取れなかった三歳の広ちゃんは五人家族なので「一五匹もらいました」と順次家族数に応じて分配されていく。みんなが家路につきかけたその時、最後にあまった二匹を徹夫君が広ちゃんのバケツに入れてやるのだった。

「学校に行けなくなった子どもたちがみんな浮浪児や乞食になるわけではありません。子どもたちは社会人としての道徳を守っております。その点私たちはもっと子ど

もの人格を尊重していいのではないでしょうか。貧乏人を軽蔑する大人の考え方が子どもを悪くしているのです」というナレーションが胸に響く。

わずか五分の映像の中に、ザリガニを獲る子どもたちの働き、遊び、生活が分かちがたく渾然一体となっていること、一〇人の子どもたちに育まれている信頼し合う豊かな人間関係が伝わってくる。何よりも、誰が教えたわけでもない「能力に応じて働き、必要に応じて分配する」という連帯の原型が見えるのである。

果たしてこれが「公平」なのだろうか——若者たちの反応

最近、講演する機会があるたびにこの「ザリガニ」の映画を上映して、参加者の感想を聞いてみることにしている。すると、「う〜ん、美しいねぇ。でも、一番たくさん獲った徹夫君がたった六匹で、一匹も獲っていなかった広ちゃんが一五匹とあまりの二匹で一七匹貰うって、何かおかしくない？　かえってこれ不公平だよ」。これが、見終わった幾人かの若者の反応である。

考えてみれば、二〇〜四〇歳ぐらいの若者は、いわゆる失われた二〇年に生まれ育ってきた世代である。学校でも職場でも自己責任論や能力成果主義が覆い尽くした時代を過ごしてきた。だからといって、そうした若者に助け合い、相互扶助、連帯の心が全く育っていないわけではない。この映像を「美しい」と感じているのだから。けれども、能力に差がある以上、結果についてもある程度の差があって当然で、この場合、徹夫君はもう少し多く受け取るのが公平だというのだ。

価値観の転換をもたらした日経連の「新時代の『日本的経営』」
――人間関係の分断と連帯の喪失

一九九五年、日経連（現在の経団連）は、雇用を長期蓄積能力活用型・高度専門能力活用型・雇用柔軟型の三グループに分けるという「新時代の『日本的経営』」を発表する。それは、できるかぎり常用雇用から有期・派遣労働にシフトさせて、株主利益を最大化させるという方針であり、一言でいえば「企業は雇用に責任を持たない」という宣言に等しかった。事実それ以降、労働に関わる法制度は次々と緩和され、労働の現場で強調され出したのが「能力・成果主義賃金」であった。今日では否定的に語られることが多い「年功序列型賃金」だが、そもそも日本の企業は昔から能力や成果に応じて労働者を処遇してきたのであり、硬直的な年功賃金を採用してきたわけではない。同期で入社しても、一〇年、二〇年と経つにつれて能力や実績に差が生じてくる。そうした誰が見ても明らかな能力差に応じて人事処遇をはかり、それぞれの能力に応じた仕事を割り振ることで職場内の秩序と働く者どうしの協力関係を保ってきたのであった。

能力成果主義の過度の強調は、これまでの職場の秩序と協力関係、人間関係を希薄にさせてしまった。隣にいる同僚が競争相手に変化してしまったからである。たとえていえば、椅子取りゲームだ。椅子に座れなかった一人がまず職場から排除される。するとまたつぎのゲームが始まる。そして、社会的弱者から順に次々と職場から排除される姿を想像すればいい。残った労働者は排除されまいと、ますます長時間労働を余儀なくされていく。そのことによって働くものどうしが分断され、労働現場の荒廃がすすんだのであった。今では、自分が孤立してしまっていると感じることさえ、「自己責任」だと自分を責めることが普通になってしまったように思えるのだ。人間関係の分断と孤立、連帯の喪失が日本社会に蔓延するきっかけを作ったという意味で、日経連の「新時代の『日本的経営』」は実に罪深い。

連帯とは結構やっかいで煩わしい

ところで、協同組合や労働組合のテキストには「困ったときはお互いさま」「支え合い・助け合い」「連帯・友愛・絆」の言葉が並んでいる。きれいに聞こえる言葉だが、その実践となるとこれがかなり難しい。

そもそも二人以上いないと、支え合い・連帯は生じない。けれど、支え合う人はいつも仲が良い時ばかりとは限らない。煩わしく思う時もあれば、対立したり時に喧嘩することもある。「一人は自由、気楽でいい、でも一人は寂しい。二人でいると楽しい、でも煩わしい時がある」。人間社会は結構やっかいで煩わしい。たとえて言えば、近所づきあいを考えてみればいい。「うっかりお米と味噌を切らせたのでお隣さんちょっと貸して」ということは、さすがに最近はなくなったが、「実家からリンゴを送ってきたのでお裾分け」なら今でもあるだろう。「新鮮なリンゴを有難う」とはいうものの、あとのお返しを考えると「煩わしいなあ。その点、コンビニは便利だ、米もリンゴも売っている、何より煩わしくない」。でも決定的に違うことがある。コンビニは一〇円足りなくても売ってくれないし助けてくれない。コンビニが悪いと言っているのではない、お金を媒介にする場合には限界があると言っているのだ。

「連帯」は二人以上の人が共同して責任を引き受けることを意味している。「絆（きずな）」は家族や友人など、人とひとを離れがたくしている結びつきのことをいうが、絆は「ほだし」とも読み、馬の足をつなぎとめる縄、刑具として用いる手枷足枷が語源である。転じて、人の心や行動の自由を縛るものという意味でもある。連帯することと自由を縛ることとは、実は表裏の関係にあるといえよう。

結局のところ「人間が生きていく」ということは、他人との関係で多少の煩わしさも受け入れ、お互いの違いを認め合って、少しずつみんなが折り合いをつけながら生きていくことに他ならない。それが連帯・友愛・絆の意味だと思うのだ。

人間の関係性を作り直す——連帯の回復

連帯することを見失いがちな現代に生きる我々は、あるいは、鵜匠に操られる鵜の姿に似ているのかも知れない。本来、鵜は群れで行動する。採餌の時には隊列を組んで動くので、相互扶助が働きやすい。しかし、鵜匠が一二羽の鵜を個別に操るとき、それぞれの鵜はもともとの関係性を分断され、相互扶助の原理が働かなくなってしまう。

この四半世紀の間に急速に色あせてしまった人間どうしの関係性を作り直すところから始めない限り、連帯の回復は難しいのではなかろうか。子どもたちの生活、遊び、豊かな関係性、ザリガニ獲りの労働と分配のありようをとらえたわずか五分の映像から、考えさせられることは多い。

＊

本書は江戸時代から今日までの日本の協同組合（消費生活協同組合、労働金庫、こくみん共済ｃｏｏｐ《全労済》）と労働組合の関係性を、具体的なエピソードを交えて綴ったものである。第Ⅰ部は、労働者福祉中央協議会（中央労福協）が毎月発行しているニュースレターに連載した五年間のコラムがベースになっている。一〇〇〇字ほどの短文でそれぞれテーマが異なるので、関心のある項目から読んでいただいて構わない。第Ⅱ部は、それを通史的にまとめたものになっている。そのため、少し重複するところはあるが、歴史的に概観する場合にはあわせて参考にしていただきたい。第Ⅲ部は、労働運動と労働者自主福祉運動の未来に向かって若干の問題提起となっている。

歴史をたどれば、協同組合と労働組合は車の両輪、コインの表裏の関係として始まっているのが分かる。明治時代に労働運動が台頭し始めて以来、労働組合と協同組合の協力関係は常に濃密で、戦後の労働組合も生協や労働金庫や全労済を「わが事」としてとらえていたのであった。ところが、近年その関係が変化をきたすようになっている。生協や労働金庫、全労済の事業が成長し発展するにつれて、労働組合との関係があたかも「業者」と「お客さま」のように変化してきたといえようか。

「歴史を忘れた民族は滅ぶ」という格言がある。これは、過去五〇〇〇年の世界の文明を、それぞれ発生・成長・衰退・解体の過程を詳細に分析したイギリスの歴史学者アーノルド・J・トインビーの膨大な歴史書から導き出した結論だという。しかしこれは、民族・文明に限らず、あらゆる組織や団体にも当てはまる警句であると思う。

本書が、協同組合や労働運動に関わる方々の、自らの拠って立つ存在基盤を再確認するうえでの一助になれば幸いである。

目次

第Ⅱ部　労働者自主福祉の形成と展開

第Ⅰ部

労働運動と労働者自主福祉運動の歴史を紡ぐ

一　ロッチデール先駆者協同組合よりも早く作られた日本の協同組合

ヨーロッパの協同組合思想が日本に紹介されたのは、明治時代になってからである。けれども、日本では世界の協同組合の先駆けといわれる一八四四年のイギリスのロッチデール先駆者協同組合よりも早く、今日の共済や農協、信用組合的な事業が行われていたのであった。ここでは、ヨーロッパの協同組合思想とは無縁に、独自の道筋をたどった日本の助け合いのしくみを取り上げる。

1　共済の源流——つぶされた「友子制度」

江戸時代から共済制度があったとは驚きである。

ユネスコの世界文化遺産に登録されている島根県の石見銀山での銀の採掘が本格化するのは戦国時代である。江戸時代には堀子と呼ばれる鉱夫たちを含め二〇万人もの人びとが生活していたという。徳川時代や明治の初期は、鉱夫たちの団結は「徒党を組む」として認められなかったにもかかわらず、鉱石を採掘し、銀を取り出し精錬する一連の労働に従事する労働者は、相互扶助のしくみでもある「友子制度」（注）を作り上げた。友子は、もともと徳川時代の鉱山における親方層を含む鉱夫の同職組合として形成され、徒弟制度に基づく親分子分の形態をとりつつ、鉱山業における熟練労働者の養成、鉱夫の移動の保障と労働力の供給調整、構成員の相互扶助、鉱山内の生活・労働秩序の自治的営みなど多様な機能を果たしてきたものであった。

その重要な役割の一つに相互扶助の機能がある。具体的には、事故や病気で働けなくなった労働者に対して米・味噌・薬を、またその子どもには養育米を支給するという助け合いの制度で、今日の共済制度（協同組合）の源流といって差し支えない。

親方を中心にした友子は、日常の仕事のやり方や技術の伝承、生活習慣にいたるまでグループごとに行動しており、「今朝はカラスがうるさく鳴いて縁起が悪いので入山をやめる」と親方が言っても、だからといって鉱山の支配者が個々の鉱夫に入山を指図することはできなかった。友子は、それほどまでに高度な自治組織だったのである。

炭鉱の開発が進んだ明治以降の炭鉱でも、友子制度は引き継がれた。しかし、資本家にとって、こうした自治組織はしだいに疎ましいものになっていく。日々の生産量を資本家がコントロールできないからである。二〇一五年度下期のＮＨＫ朝の連続テレビ小説「あさが来た」で主人公のあさが経営する炭鉱で、「これからは一人ひとりの鉱夫と契約する」と宣言したのは、まさに自治組織「友子制度」を廃し、資本家が直接個々の労働者を管理しようとしたことを意味している。今日でいう「能力成果主義」のはしりといえようか。その結果、友子制度はしだいに影響力を失い、企業内の共済制度に閉じ込められていくのだが、それでも、働き方は労働者自身が決定するという友子制度の自治の精神は戦前、戦後の労働組合運動にも引き継がれていく。

国内最大の炭鉱であった三井鉱山三池鉱業所を舞台に、一九五九（昭和三四）年から六〇年にかけて、「総資本対総労働」の闘いと呼ばれた三池闘争の本質も、友子制度的職場の自治権をめぐる闘いだった。平井陽一はその著『三池争議——戦後労働運動の分水嶺』（ミネルヴァ書房、二〇〇〇年）で三池争議の本質は、「三池労組が労働者的職場秩序を維持するのか、あるいは会社側が職場に経営権を復権させるのかにあった。会社側にとって職場活動家の解雇とは、まさに『生産阻害者』の排除問題だったのである」と分析している。つまり、資本にとって職場活動家は、友子制度における親方的存在だと映っていたのである。

国民国家や資本のような中央集権的な権力にとって、従順な国民や労働者のグループはその存在を容認し利用するものの、「自分たちのことは自分たちで始末をつける」という高度に自治を主張するグループは徹底して排除の対象にしたのであった。

（注）友子制度は江戸、明治期を通じて全国の鉱山や炭鉱にも広がり、炭鉱のなかには一九六〇年代まで続いていたことが、法政大学の村串仁三郎名誉教授の研究『鉱夫同職組合「友子」制度』（時潮社、二〇〇六年）や記録映画に残されている。そこに日本の共済制度、協同組合の源流を見ることができるのである。

2 農協の源流――大原幽学の「先祖株組合」はなぜ処断されたのか

天明・天保の大飢饉以降、関東の農村では農地を手放し没落する農民が続出、十手取り縄を預かり二足のわらじを履いた飯岡助五郎などの博徒がそれらの農民を吸収して勢力を持ち、農村は荒廃しきっていたのである。そんななかで、大原幽学（一七九七～一八五八年）は、農民の協同の力で先祖伝来の農地を守り、お互い没落を防止しようと、長谷部村（千葉県旭市）で世界最初の農業協同組合ともいわれる「先祖株組合」を結成したのであった。具体的には、各農家が先祖から受け継いだ農地のうち五両に相当する耕地（七畝）を出資し、そこから生まれる利益を無期限に積み立てる制度である。そして、万一破産するものが出た時は、それまで積み立てた分の半分を与えて家名を相続させ、農民の逃散を防ごうとするものであった。しかも、それを決定するその世話人は合議で選出するなど民主的な方法を採用したのである。また、幽学は各戸の農地を合理的に交換整理し、農業技術を指導したほか、今日の生協にあたる共同一括購入活動や村民教育なども行い、平等な社会と人づくりに尽力したのである。共同購入した品物は、農具・肥料・種子など農業に必要なもののほか、下駄・茶碗・手拭・櫛・鏡などの生活用品から薬にまで及んでいる。こうした諸活動は現在の農業協同組合のそれと通底しており、それゆえ先祖株組合は農協の源流だといわれている。その結果、荒廃していた村は領主から表彰されるほど復興を遂げたという。

にもかかわらず、その名声が周辺の農村にまで広く及ぶようになると、博徒たちの執拗な嫌がらせを受けるようになり、また些細な告発を受けた幕府は一転して弾圧に乗り出す。幽学が戸籍上の手続きなしに長谷部村に居住したこと、先祖株組合普及のための大規模な教導所を建設したこと、農民が村を超えて活動したことなど、些末な理由をつけられて先祖株組合の解散・教導所の解体を命ぜられてしまう。そのため、幽学は失意のうちに自害し、六二歳の生涯を閉じなければならなかった。

農民が自分たちの力だけで耕地を交換・整理し、先祖株組合を結成する自治的な活動や組織は、中央集権的に農民を支配しようとする徳川幕府の目には領主の権限を侵す所業、謀反のきざしありとして処断したのである。

3　信用金庫・労働金庫の源流——生き残った二宮尊徳の「報徳五常講」

戦前から存在している小学校のなかには、今でも校庭に薪を背負い歩きながら本を読む二宮金次郎の像が残されているところもあるので、知っている方もいるだろう。江戸時代末期、疲弊する農村を立て直すことに尽力した二宮尊徳の幼年期の像である。小田原に生まれた二宮尊徳は、「幼少時、父母を失い……困窮致し……今日を安楽に暮したい……私欲身勝手一途」に働き、三〇歳の頃には手放していた土地を買い戻し、生家を立て直すことに成功したというから、ほんらい自家用である入会地で採った薪を小田原まで売りに行く（小学校の像はその時の姿らしい）など、かなり身勝手な行動をとっていたようでもある。

ただしかし、お金の大切さを身をもって体験した尊徳は、自戒を込めてその後、無利子でお金を貸し付ける「報徳五常講」と呼ばれる独自の信用事業を作り上げ、疲弊する農村を救ったといわれている。

その原理は三つ。一つは「無利子貸し付け」、二つ目は「年賦返済」、三つ目は元金完済後もう一年「お礼金（報徳冥加金という）の支払い」。その冥加金を新たな無利子貸し付けに回すことで、相互扶助の好循環を生じさせるというものだ。五常講の「五常」は、儒教で人が常に守るべき五つの徳目、仁・義・礼・智・信を意味している。仁＝思いやり、困った人にお金を貸すこと。義＝義理・道理、借りた金は約束どおり返すこと。礼＝感謝・お礼、返すにあたってお礼金をつけること。智＝能力、借りた金を有効に活用すること。信＝信頼、お互いに約束を守り合うことを指している。つまり、五常講には、困った時はお互いさま、連帯、友愛といった協同組合の思想が貫かれているのである。

一八九一(明治二四)年、明治政府はドイツの法律を参考に信用組合法案を第二回帝国議会に上程しているが、答弁で五常講に言及している。「徳を以て徳に報いる精神から出たもので殆ど信用組合の制度と異ならぬもの」「無利子と称するが、償却を完結した後恩謝金として年賦返納一ヶ年分の額を出すので、実質上利子を払うと同一の結果を生ずる」と、その精神を受け継いでいることを述べている。じっさい、法案策定の責任者であった法制局部長平田東助が、二宮尊徳の弟子で箱根湯本にある福住旅館の当主福住正兄を訪問し、五常講の思想について教えを乞うたことが記録に残されている。この法案は廃案になったものの、これをきっかけに一八九二年、二宮尊徳の弟子であった岡田良一郎によって掛川信用組合(現在の掛川信用金庫)が設立されたのを皮切りに、各地に誕生した任意の信用組合は一四四を数えた。それから九年後の一九〇〇年、ようやく日本最初の協同組合法である産業組合法で信用組合に法的根拠が与えられることになった。そしてそれが今日の信用金庫や労働金庫へとつながっているわけで、協同組合金融のルーツは、実に二宮尊徳の報徳五常講に遡ることができるのである。

ではなぜ二宮尊徳の考え方が、報徳思想として明治期以降、今日に至るまで受け継がれてきたのであろうか。確かに戦前は国が、「一生懸命に働いて田や畠を買い戻し没落した家を再興した……また世のため人のために尽くして後々まで尊ばれる立派な人になりました」と、忠君愛国精神を鼓舞するために利用したことが影響していることは事実である。しかしより本質的には、小田原藩をはじめ当時の権力者が、自らの藩や旗本の悪化した財政立て直しのために、二宮尊徳その人と思想をうまく利用したためであり、明治以降は、一部の良心的な資本家の間でその思想が語りつがれてきたからではなかったか。

二宮尊徳が指導した「報徳五常講」のじっさいはこうである。小田原藩には財政再建のために、藩の年間支出額の上限を定め（「分度」という）させ、そこから生み出した藩の御用金を、まずは農地を手放し小作人化した農民に無利子で貸し付け買い戻させる。その農民には、用水路の整備や荒れた農地の開墾などの公共事業にも従事させて手間賃を支払う。それが返済金に当てられ、その返済金がまた貸付金の原資となり、農地の整備と新田開発がいっそう進むという好循環が生まれる。結果、年貢の増大で藩の財政が潤い、農民にとっても無理なく耕作地を取り戻せるという実にうまいしくみである（『二宮翁夜話』福住正兄、岩波文庫、一九九一年）。

このように、二宮尊徳の実践した報徳五常講や報徳思想は、協同組合的精神を内包し、きわめて倫理性の高いものであることは間違いないのだが、同時に藩や資本という時の権力やその財力に裏打ちされていた面があったからこそ、生き残ることができたと思われるのである。

小田原城公園の一角にある二宮尊徳を祀った報徳二宮神社の境内には、「経済なき道徳は戯言であるが道徳なき経済は犯罪である」と書かれた碑文がある。お金の裏付けのない理想や理念はたわごとか寝言のようなもので役に立たないが、反対に理念を持たない金の亡者は犯罪者と変わらない、と喝破する超現実主義者であった。常に理念を見失わず、それでいて現実的な事業を遂行させなければならない労働金庫に代表される協同組合金融の核心を、なんと二〇〇年も前に言い当てていたのである。

二　明治・大正時代の協同組合・労働組合・社会主義

協同組合のテキストには、ロバート・オーエンの名前が最初に登場する。それは、産業革命後のイギリスで、失業・貧困にあえぐ労働者のために、工場経営者であったにもかかわらず労働組合や協同組合育成など社会改革のための運動・事業を始めたからである。オーエンは、無秩序な資本主義経済に対して、相互扶助を基盤にした経済社会をめざしたのであった。その思想は後に「空想的社会主義」といわれるようになるが、「ロッチデール先駆者協同組合」につながる協同組合の源流であり、それゆえ、協同組合の歴史にはオーエンが登場するのである。

こうした協同組合の思想は早くも明治維新直後に日本にも知られるようになった。

そこで、この項では、明治・大正時代に自主的な協同組合を作った人びとや社会主義者に対する弾圧の歴史、友愛会・総同盟に集った人々のエピソードをまとめてみた。

なお、二〇一七年に強行採決で成立した「共謀罪」について、最後にそのルーツにも触れている。

1　明治時代の社会主義は協同組合と同義語だった

維新後の日本では、西南戦争の戦費調達のために大量の不換紙幣が発行されて起きたインフレ、その反動としての松方デフレ政策、その後の日清戦争などで国民の生活は大きな打撃を受け、富は資本を蓄積した一部の人たちに集約されていく。農民の多くは困窮して土地を手放し小作人化していった。産業革命後のイギリスと同じような社会状況が現出したのである。

そこで明治政府は、農民の困窮による社会不安を抑え農村経済の維持・充実をはかろうと、一九〇〇（明治三三）年協同組合を先取りして日本初の協同組合法（産業組合法）を制定する。そのため、産業組合法は、農民が自主的・主体的に作りあげたものではなく、お上が作ったという意味で「官製」協同組合法と言われている。

いっぽう、貧富の差が拡大する無制約な経済体制を抑制しようと、新渡戸稲造・安部磯雄・徳富蘆花や片山潜・幸徳秋水などの知識人も動きだす。「今日の競争制度を廃して社会を共力主義の上に再建せんとする」「日用品を廉価に売渡し、生活上の便益をはかる」「労働者自身が少数の資本を出して共同して営業を為す」「生産器械を共有し、生産管理人は公選で選ぶ。収入の分配は器械の費用・各人の生活の必要費、その余を労働に比例して分配する」などの主張である。当時それは「社会主義」政策と呼ばれた。私有財産の保護を前提にして社会の改良をめざす、官製ではない自主的な協同組合の原則そのものであった。明治時代の社会主義は、一九一七（大正六）年のロシア革命以降の社会主義とは異なり、実は協同組合と同義語だったのである。

2　大逆事件に連座した「森近運平」の自主的協同組合論

その社会主義者たちのなかから日露戦争に反対するものが現れるようになると、明治政府は「反戦的言論は愛国心を抹殺し、皇室の批判に導く」として強硬な弾圧に乗り出す。「議会にお頼み申しても埒が明かぬ、労働者のことは労働者自身で運動せねばならぬ」と自主的な労働組合運動と自立した協同組合運動を主張していただけなのであったが、その結末は明治政府による明治天皇暗殺計画のでっち上げであった。一九一〇（明治四三）年の大逆事件である。明治政府は幸徳秋水をはじめとする社会主義者に対して「テロリスト」の烙印を押し、「おとなしい労働者に暴動を起こさせる」ものとして弾圧を加えたのである。

大逆事件で幸徳秋水とともに刑死した一二名のなかに、森近運平という人がいる。森近は岡山県の農事講習所を首席で卒業し、岡山県の職員となり農政を担当した。産業組合法制定時の法制局長官だった平田東助は、『産業組合法要義』（一九〇〇年）を書いているが、森近運平もまた一九〇四年に『産業組合手引』（吉田書房）を著わしている。序文には岡山県知事が推薦文を寄せているぐらいだから、県もあげて産業組合の普及に尽力していたと思われる。森近は「産業組合は隣保共救の実を挙ぐるの機関（であり）単に金銭上の団体ならしめば早晩土崩瓦解して却って禍根を百載に遺すに至らん」と、損得だけの団体になることをきつく諌めている。その指導精神は「組合の生命は協同にあり、協同の生命は推譲（注）にあり、推譲の生命は至誠にある」と、農民自らの自主的・自治的な協同組合を建設することを説いていたのであった。

ところがそのわずか六年後、明治政府は、幸徳秋水を首謀者とする大逆事件をでっち上げ、森近運平が幸徳と親交があったことから計画に加担したとして連座させられてしまったのである。前年、森近は幸徳と別れ、郷里の岡山に帰り、自ら温室栽培を試み、ぶどう栽培にも精を出す篤農家であったにもかかわらずである。奇しくも、時の明治政府の治安対策の責任者は内務大臣平田東助であった。官製協同組合法（産業組合法）制定の立役者平田東助は、農民が主体となって下から自主的に協同組合を作ろうとした森近運平をテロリストとして容赦なく処断したのである。まだ三〇歳の若さであった。

(注) 二宮尊徳の思想で、この場合生み出した利益は他者に譲ることを指す。

3 友愛会は協同組合で始まった

でっち上げの大逆事件で幸徳秋水・森近運平らが刑死させられたことで、労働運動は暗黒の時代を迎えたのだが、それでもわずか一年半後の一九一二(大正元)年八月、鈴木文治らは友愛会を創設する。イギリスでは、産業革命後の一七九九年に労働組合が禁止されたが、労働者はフレンドリー・ソサイティー=相互扶助団体であることを装って活動を続け、一八七一(明治四)年にようやくストライキ権を勝ち取ったのだった。その苦難の歴史を学んだ鈴木文治は、日本でも将来の労働組合建設に向け今は「隠忍自重」して相互扶助団体として力をつけようとしたのであった。これは、治安警察法によって労働運動が事実上禁止されていたからであり、表看板に組合員の相互扶助(協同組合)活動を掲げたのは、一八九七年の労働組合期成会(一四二頁参照)と同様であった。

しかし、第一次大戦時の好況とその後の大不況が、庶民の生活を直撃する。一九一八年には米価の暴騰に庶民の怒りが爆発、いわゆる米騒動が各地で起きている。また、工場閉鎖・解雇・失業という労働事情を反映して、労働争議が頻発する。そして、翌一九年、パリ講和条約でILOが設立され、結社の自由が認められたことや一七年のロシア革命の影響もあり、続々と労働組合が結成されていく。同時に、団結権・ストライキ権の保障だけでなく普通選挙、婦人参政権、部落解放、大学の自治権を求める声が日増しに大きくなっていったのである。大正デモクラシーと呼ばれる時代である。

友愛会は、鈴木文治や職工たたき上げの松岡駒吉・平澤計七らの指導により支部の結成が全国に広がり、多くの労働争議を解決させたことで、組合員の信頼を得ていくことになる。そして、あらたに東京帝国大学出身の麻生久、棚橋小虎など大学を卒業した知識人たちも加わり、一九一九年、友愛会は大日本労働総同盟友愛会（総同盟）と改称し、「隠忍自重」してきた鈴木文治らは、いよいよ本格的な労働運動を指導するようになったのである。

4　労働者生協「共働社」生みの親、平澤計七、亀戸事件で虐殺される

そんな時期に総同盟内部である出来事が起きる。職工たたき上げで総同盟出版部長であった平澤計七を排斥する動きである。東大出身の知識人グループは、労働運動の主目的は「此の世を労働者階級の支配に帰せしめんとするに他ならない」と、それまでの資本家の温情主義に依

拠した労資協調路線をとる鈴木文治会長を引退させ、総同盟を改革しようと動く。鈴木と一緒に活動してきた平澤計七は時期尚早だと反対したため、総同盟内部での主導権争いが起きたのであった。

結局、平澤計七は一九二〇（大正九）年、総同盟を脱退して「純労働組合」を結成する。同時に、労資協調的な考えを持つ岡本利吉らと労働者生協である「共働社」を設立した。米・砂糖・炭・薪・仕事服・障子紙など労働者の生活に必要な物資を取り扱い、剰余金の二割を労働運動の資金に当てるなど「ジミな労働運動」を展開したのであった。それでも平澤計七を追いやった総同盟内の知識人たちは、労資協調的な岡本利吉と行動を共にする平澤計七に懐疑的な目を向けていたし、他方、左派の人々からは、労働者生協は「革命運動発展の妨げ」になるとして、共働社排斥運動まで起こされている。そんな批判を受けながら、翌二一年三月に起きた日本鋳鋼所の争議や、一一月の大島製鋼所争議では、共働社は迅速に物資の支援を行い、労働者生協の本領を発揮したのであった。

しかし、平澤計七は、一九二三年九月一日の関東大震災の翌々日の夜、亀戸警察署内で軍隊の手によって虐殺されてしまう。労働者による自主的な労働者生協をつくり、争議支援を惜しまない平澤計七を、関東大震災直後の戒厳令下の混乱に乗じて一気に抹殺したのである。

総同盟の鈴木文治会長は、事件直後の『改造』一一月号に、「労働運動擁護の立場に於て飽くまでも真相糾明を叫んで止まざるものである」と、平澤計七に対する深い友情に満ちた「亀戸事件の真相」という文章を寄せている。資本と厳しく対峙する「純労働組合」とそれを支援する自主的労働者生協「共働社」の指導者平澤計七は、権力にとって目障りな存在だったのである。

5　鈴木文治と野坂参三——友愛会総同盟に集った人々

戦後、共産党議長になった野坂参三が、一九一七（大正六）年、慶応大学卒業と同時に友愛会初の有給書記となったことはあまり知られていない。在学中から友愛会の賛助会員となり、鈴木文治や賀川豊彦との交流が始まると同時に、友愛会の機関誌『労働及産業』の編集を手伝うようになった。そして、翌一八年には友愛会の出版部長に就いている。しかし、一九年に英国へ自費留学することになったため、平澤計七が後任の出版部長になった。留学に際して鈴木文治は友愛会の「特派員」という資格を与え、同年七月八日、寄留していた兄の地元神戸での送別会には、賀川豊彦も参加して激励している。英国で野坂参三は英国共産党の影響を受け、共産党主催の集会に参加し演説するまでになる。そのことで英当局から国外退去を命じられ、仏・独・露を回って二三年三月、二年半ぶりに帰国したのであった。

それでも帰国後の野坂参三を、鈴木文治は友愛会から名称を変えた総同盟の調査部長に起用している。また、総同盟大阪連合会会長で戦後民社党委員長となった西尾末広とは、上京時に野坂参三の家に泊まっていくぐらい親しい関係にあった。一九二三年六月、当時非合法だった日本共産党にかかわったとして検挙された時でも、総同盟主事の松岡駒吉は「総同盟は共産主義、組合主義、無政府主義、何でござれ思想は自由であるから、別に組合員に制限はない」と擁護している。こうした関係は、二五年の総同盟第一次分裂の時まで続いた。

その後、野坂参三は第二次世界大戦が終わるまで、ソ連・中国で過ごすことになる。

鈴木文治は、戦後初の衆議院選挙期間中の一九四六（昭和二一）年三月一二日に急逝した。仙台で営まれた葬儀には、帰国したばかりの共産党の野坂参三も駆けつけ、弔辞を読んだことが記録に残されている。思想的に「袂を別かった」とはいえ「彼が友愛会をつくったことの歴史的な意義を、かつても、今も変わりなく評価している」と自著『風雪のあゆみ』（一巻、新日本出版社、一九七二年）に書き残している。

大正年間の友愛会総同盟には、実にさまざまな考えを持つ人々が集い、激しい議論を繰り広げながら労働運動を牽引していた事実を、忘れないようにしたいものだ。

6　またぞろ共謀罪——そのルーツと労働組合の苦難

小泉純一郎政権で三度廃案になった「共謀罪」が名前を変えてまた二〇一七年の第一九三回

通常国会に上程された。

二〇〇六年五月九日、「共謀罪」審議中の衆議院法務委員会で、筆者は連合を代表して参考人として意見を述べる機会があった。民主党推薦でもう一人、評論家の櫻井よしこ氏も「心の問題にまで踏み込んでいく危険性はないのか」「導入してしまった後でどこまで拡大するのか……過去の事例を見れば……この会場にいるだれも責任を持つことはできない」と、反対の意見を述べていた。もっとも、一一年後の審議にあたっては、立場を変えてしまったのだが。

筆者は、「労働組合の活動が犯罪とされる危険性」と自首すれば罪が免除される「自首減免規定」に絞って見解を述べた。正当な組合活動が、過去に強要罪や威力業務妨害罪で訴追される事例が起きている例をあげながら、法律が成立してしまうと、捜査当局の恣意的な判断が優先されるおそれがあること。また、共謀罪における「自首減免規定」は、おのれの保身のための密告を奨励することにつながりかねない。告げ口・密告は日本では軽蔑した響きを伴った言葉として受け止められており、日本人の道徳観に反するものだと、法案に反対したのである。

そもそも、日本の刑法は犯罪を実行した者（既遂）を罰するのが大原則である。もちろん、実行しようとしたが遂げなかった（未遂）ことやきわめて重大な犯罪に限っては例外的に準備行為（予備）、たとえば、殺人の目的で包丁を買った場合も処罰の対象になり得る。一方で刑法には「自首」すれば刑を減軽する規定がある。しかしこの自首は、「私」が罪を犯し、「私」が自首する場合だ。ところが、共謀罪は二人以上で犯罪を準備したことを罪に問う法律であり、そこでも自首すれば罪が免除されるとなると、他人に罪を押し付けて自分だけ罪を逃れようとする輩が現れないとも限らないし、赤の他人に濡れ衣を着せることも可能になる。

今回の法案はテロ対策としての治安維持を装っているが、明治時代から戦前までの日本は、「治安維持」を大義名分に労働運動や社会運動が抑圧されてきた歴史でもあった。こんな時だからこそ、労働運動が窒息させられたその抑圧の歴史をふり返ってみたいと思う。

7　共謀罪のルーツをたどる

一九〇〇（明治三三）年、日本初の協同組合法である「産業組合法」が誕生したが、同時に労働運動や小作争議を取り締まる「治安警察法」も制定された。「飴とムチ」の使い分けだ。明治憲法でも結社の自由は認められていたにもかかわらず、治安警察法は、日清戦争後の疲弊した農村の小作人や労働者の結社を事実上禁止する法律であった。「他人に対して暴行・脅迫……誘惑・煽動することを得ず」（第一七条）、労働組合を結成して使用者と交渉すること、小作人たちが地主と交渉することは暴行・脅迫にあたり、ストライキを指導すれば誘惑・煽動したとして罪に問われたのであった。労働組合の強い反対で一九二六（大正一五）年にその条文は削除されたが、同時に争議行為を封じ込める目的で「暴力行為等処罰に関する法律」が制定され、

「団体若は多衆の威力を示し……面会を強請・強談・威迫の行為」は相変わらず禁止されたままで、警察が違反だと見做すと懲役刑が待っていたのである。この法律は現在も有効で、暴力団の強要・脅迫の取り締まりに重点が置かれているが、学生運動にも適用された事例がある。

いっぽう、大正デモクラシーで労働運動や社会運動が昂揚し、ロシア革命の影響で共産主義の普及を恐れた政府は、関東大震災に乗じて勅令第四〇三号を発し「安寧秩序を紊乱する」と判断すれば、あらゆる団体や個人を摘発できるようにした。その集大成が一九二五年の「治安維持法」だった。「国体を変革、私有財産を否認する結社」は、結社しただけでなく協議に加わったことも罪に問われることになった。二八（昭和三）年には最高刑がそれまでの懲役一〇年から死刑に引き上げられ、四一年には、「結社の組織を準備したる者」、つまり心の中で思っただけでも死刑の対象に広げられたのである。治安維持法の解釈は警察の恣意的な判断で拡大され、マスコミ・文化人、宗教家まで次々に検挙されたのであった。創価学会の創立者牧口常三郎は、そのために獄死している。

このように、「共謀罪」のルーツは、労働運動や社会運動を抑圧した治安警察法や治安維持法にある。いったん成立すると、無限定に広がる危険性は、戦前の歴史が物語っている。あやまちを繰り返してはならない（残念ながら二〇一七年六月に共謀罪は強行採決されてしまった）。

三　日本の協同組合の父「賀川豊彦」のこと

日本の協同組合の父、賀川豊彦（一八八八〜一九六〇年）については、これまで多くの人によって語られているので、ご存じ方も多いだろう。ここでは、賀川豊彦の知られざる一面（発禁処分を受けた激烈な文章、労働争議の敗北、労働者生協におけるビジネスセンス、信用組合を作ったこと、論敵大杉栄との友情など）を取り上げてみた。

1　発禁処分を受けた賀川豊彦の「労働者崇拝論」

日本の協同組合運動の父といわれる賀川豊彦。彼が生涯に発表した膨大な著作は『賀川豊彦全集』（二四巻、キリスト教新聞社、一九六二〜六四年）に収められている。そのなかで唯一、発禁処分を受けた論文がある。一九一九（大正八）年『解放』八月号に発表した「労働者崇拝論」だ。当時は、「安寧秩序を妨害する」と政府が判断すればいつでも発売禁止にできたのである。

第一次大戦で輸出が爆発的に増え、ぼろ儲けした資本家たちは五割から七割もの配当を受け取り、にわか成金が続出した。いっぽう、インフレで追い詰められた労働者や庶民の怒りが爆発、米騒動や労働争議が頻発していた時代である。こうした騒然とした世情の中で書かれた「労働者崇拝論」は、激しい論調で資本家と政府を糾弾する。

「金持ちは征服者のような顔をして、貧民労働者を……工場で圧制する。労働者は、一日として休むことなく人間のためにパンを作り、織り、建てる、凡て人間が生きて居れるのは労働者のお蔭である……労働者を崇拝せよ」。正義に燃えた筆は強欲な資本家を徹底して批判する。「資本家の首も命も、資本家の嫁入り道具も皆彼の長屋に住む彼の賤む者が生産したものである。それで、労働者は、その首と命と嫁入り道具に対しても所有権を主張し得るのである。資本家はよくそれを覚悟して居らねばならぬ」と。

政府に対しても「今日では、大砲と軍用飛行機と潜行水雷艇（潜水艦の旧名）と機関銃の学問が、人間をどうすれば愛し得るかという学問よりも発達している」「剣と強力で政治ができると思うのは根本的誤謬である」と批判する。こうした思想は、時の資本家と政府には許し難いと映ったがゆえに直ちに発禁したのである。

敬虔なキリスト教徒で、神戸のスラム街で救貧活動を始めた賀川だが、社会を根本的に変えなければ労働者、農民は救われないと、その後、貧困を防ぐために労働運動、協同組合運動、農民運動に力を注ぐ。「救貧運動から防貧運動」へ生涯をささげ、平和を愛し「無抵抗の抵抗」を貫いた賀川でさえ、戦前は要注意人物として警察や憲兵隊の監視下におかれ、何度も拘留されている。

「平和なくして協同組合運動はない」という賀川の確信はそうした経験から生まれたのだと、私は思う。

2 受難の労働者生協——兵糧攻めにあった戦前の労働組合

労働組合が中心になって作った労働者生協のさきがけは、賀川豊彦の指導を得て一九一九(大正八)年から準備を始めた「購買利用組合神戸消費組合(現在のコープこうべ)」である。この時期、第一次大戦後の恐慌による労働不安から労働争議が頻発するようになった。三万人の労働者が参加した戦前最大の労働争議は、一九二一年六月その神戸で発生した。川崎・三菱造船所の大争議である。総同盟友愛会幹部の賀川も先頭に立って闘うが八月に敗北し、神戸消費組合の組合員であった労働組合幹部が解雇され多くが神戸を去った。その結果、生協組合員に占める労働者の割合が激減、一万円以上の欠損金を出してしまった。賀川豊彦がその欠損金を引き受けた神戸消費組合は、その後労働組合員以外の市民が多数の協同組合、いわゆる市民生協となった。

労働組合に対する弾圧は苛烈であったが、労働組合を基盤とする労働者生協も経営者や政府から抑圧されてきた。それは、労働者生協が労働争議の際、労働組合の兵站を担い、長期の争議を支えたためであった。一九二四年に設立された千葉県野田市の野田購買利用組合は、二七（昭和二）年九月から八か月に及ぶ総同盟関東醸造労働組合（現キッコーマン）の大争議を支えた。経営者や右翼からのさまざまな妨害にもかかわらず、米・味噌・醤油・砂糖・茶・炭・うどん・薬などの生活必需品を配給し続けたが、争議敗北の打撃で消滅したのである。古来より戦（いくさ）の常道は「兵糧攻め」にあるといわれる。長期の争議を闘う労働組合が兵糧攻で敗北する姿を想像すればいい。二〇一五年の、安保法制をめぐる議論で政府は「後方支援」だから危険でないと説明していたが、実は一番危ないのは兵站・後方支援なのだ。じっさい、アジア・太平洋戦争で日本軍が仏領インドシナに侵攻したのは中国への補給路＝兵站・後方支援を絶つためであった。

そして、労働者生協は一九三八年、戦時体制下ついに解散に追い込まれてしまう。市民生協は弾圧を免れたが、それとて戦後まで存続した生協は神戸消費組合など数えるほどしかなかった。労働者・市民が自主的に経営・運営する生協は、権力者にとってそもそも邪魔な存在だったのである。

3　賀川服をご存知ですか？

ここに一枚の写真がある。賀川豊彦が創案し、「共益社」で販売していた木綿の背広服である。賀川も愛用した現物が、「賀川豊彦記念 松沢資料館」に所蔵されている。

賀川豊彦創案の木綿の背広（賀川豊彦記念 松沢資料館所蔵）

一九二〇（大正九）年一一月、賀川は神戸に次いで大阪で西尾末広らとともに労働者生協である「共益社」を創設した。しかし、経営についての経験不足や組合員教育の不徹底、翌年の大阪電灯・藤永田造船所・住友伸銅所をはじめとする争議の頻発などから赤字を重ね、四年間で二万二〇〇〇円もの損失を出し、解散の瀬戸際に追い込まれてしまう。二四年、賀川がその負債を一身に引き受けて再出発したのであった。では、その負債はどのようにして償還したのだろうか。賀川のベストセラー『死線を越えて』（改造社、一九二〇年）の印税七万円（現在の一〇億円に相当か）が充てられた、と巷間いわれるがそうではない。印税は、賀川が指導し三万人の労働者が参加した二一年の神戸川崎・三菱造船所の大争議の敗北の後始末費用、大阪労働学校設立（その精神は大阪労働学校・アソシエにつながっている）、東京本所の産業青年会（現在の中ノ郷信用組合の基礎）、大阪四貫島セッツルメント（友隣館・教会・天使保育園の前身）・神戸友愛救済所（学校法人・社会福祉法人イエス団のルーツ）の建設、日本農民組合（全日本農民組合連合会に継承）の創設と人件費負担など、すべて社会運動に使われたからだ。

実は、窮地を救ったのが、共益社で売り出した「賀川服」と呼ばれた冬用・夏用の背広服の販売利益だったのである。労働者にとって一着五〇円もする純毛の背広には手が届かないが、大中小のサイズにかかわらず三つ揃えの背広一着が五円程度で手に入る賀川服は、非常に歓迎された。最大で年間五万着も売れ、一九三〇（昭和五）年末には赤字の三分の二を償還したという記録が残されている。

ところがここで、厄介なことが起こったのである。

4 「法律違反」と指摘された賀川服

手ごろな価格の労働者向け背広「賀川服」に降りかかった難題は、法律違反の「員外利用」に当たるという指摘だった。販売元の共益社は、戦前の協同組合法である産業組合法による労働者生協であり、その定款で大阪市内に居住する組合員に限ると定めてあった。それなのに、市外の労働者にも販売していることが、組合員以外の利用を禁止している産業組合法に違反していると咎められたのだ。

頻発する労働争議で解雇された組合員は、職を求めて全国に散らばっていき、国内の転地先だけでなく朝鮮や満州からもひっきりなしに注文してくる。今まで共益社の組合員であっても、大阪を離れれば資格がなくなるので、法律違反の員外利用となってしまうのだった。

さて、困ってしまった賀川豊彦。しかし知恵者である。一九二七(昭和二)年春に匿名組合「消費組合協会」を設立し、共益社の賀川服を消費組合協会を通して販売する方式に切り替えたのだった。協同組合である共益社は営業税が免除されているが、消費組合協会は税金をきちんと納めるわけで、誰からも法律違反と言われる筋合いはない。うまいしくみを考えたものだ。

賀川服の宣伝も実に上手だった。爆発的な人気を博した賀川の小説『死線を越えて』は東京や大阪で舞台化されたのだが、新国劇を創設した沢田正二郎や日活の人気俳優岡崎春夫にも賀川服を着せ、その写真をさりげなく見せて宣伝している。

こうして、賀川服だけでなくワイシャツや靴、石鹸などの雑貨も取り扱った消費組合協会の販売額は毎年三〇万円以上にもなり、相当な利益を生んだのである。その利益から共益社に一万円以上寄付したという証言が残されているから、共益社の二万二〇〇〇円もの累積赤字の解消に役立ったことは言うまでもない。

消費組合協会の利益は、このほかすべて協同組合運動の普及に使われた。毎年五〇〇〇円もかかった協会の機関誌『消費組合時代』の発行費用、学生消費組合や農村消費組合協会への寄付金、各地の消費組合設立費などに充てられたのだった。

労働者のニーズに的確に応えつつ、巧みに事業を成功させた社会運動家賀川豊彦の見習うべき一面である。

5 賀川豊彦が作った「中ノ郷質庫信用組合」

一九二八（昭和三）年、賀川豊彦は東京本所に質屋と信用事業を兼ねた信用組合を設立した。その場所は当時、中ノ郷地区と呼ばれていたところから、「中ノ郷質庫信用組合」と名付けられた。現在は住所表示が墨田区東駒形四丁目に変わったが、今もその地に本店を構える「中ノ郷信用組合」である。

一九二三（大正一二）年九月一日の関東大震災とそれに伴う火災で六万人近い犠牲者が出たが、その九割が焼死者だった。本所、浅草、神田、京橋、深川地区ではほとんどの市街地が焼失。とくに避難民が殺到した旧陸軍被服廠跡（現在の横網町公園あたり）では、折からの火災旋風（火災と火の粉を含んだ竜巻）で何と三万八〇〇〇人の命がごく短時間に失われたのであった。

震災の情報を神戸で聞いた賀川豊彦は、ただちに船で東京に赴き、一〇月一九日には最も被害の大きかった本所に東京基督教青年会（ＹＭＣＡ）の支部として基督教産業青年会を立ち上げ、大テントやバラックを建て、被災者の救援活動を始めたのである。震災を機に、賀川の活動拠点は神戸から東京に移り、家族とともに本所に住み、無料診療所、職業紹介、法律相談、生協事業、さらには文化講演や英語教室、編物・裁縫の講習といった広範な教育事業など労働者の生活再建、生活向上、地域復興につながる事業を次々に発足させていく。

そして、労働者の生活再建と地域復興を金融面で支えるべく設立したのが中ノ郷質庫信用組合だった。「近隣地域労働者階級の金融機関たらしめると共に地区協同社会の基盤たらしめたい願いをもってはじめたものである……この組合の名称も、極めて狭い範囲の地名（中ノ郷）を選んだ」と賀川は書き残している。こうして、「中小企業者や勤労者が、小さいながらもお互の信用を持寄り、扶け合いにより金融をはかり……営利を目的とせず……常に自助と協同を標語として組合員による民主的、自主的に経営を為すことを信条」に、中ノ郷質庫信用組合は発足したのであった。

ところで、なぜ質屋と信用組合を兼営したのか、戦前からの信用組合が戦後ほとんど信用金庫に転換したにもかかわらず、なぜ現在も信用組合のままでいるのだろうか。これには訳があったのだ。

当時、質貸付を行っていた信用組合は全国で三〇組合ほどあったようだ。長野県の上田市信用組合（現在の上田信用金庫）もその一つである。上田市信用組合は、通常の信用事業では救いえない小零細業者や庶民の存在することを知り、一九二六年、別に共同質庫信用組合を設立したのだが、役職員は兼務であった。出資金一口一円を一回一〇銭宛一〇年間に払い込む、貸付限度額一〇〇円、弁済期間は六か月、事情によってはさらに延期するという庶民にとってありがたい協同組合組織であった。

上田の事情を学んだ賀川らは、中ノ郷地区は質屋を必要とする零細業者や労働者が多く住む地区だったゆえ、ただちに質庫信用組合の設立にとりかかったのである。当時、東京にはおよそ二〇〇〇軒の質屋があったが、協同組合組織の質庫信用組合（質屋）は初めてだった。一般的な庶民の金融は質屋しかなかったとはいえ、質草を持っての質屋通いは世間体が悪いと思われていた時代である。そのため、あまり人目につかないようにと中之郷質庫信用組合は、表通りから一本入った場所で営業を始めた。今日の金融機関はこぞって表通りに店舗を構えているが、中ノ郷信用組合の本店が今でも目立たない場所のままにあるのにはそういう背景がある。

一九五一（昭和二六）年に信用金庫法ができた時、信用金庫になるか信用組合のままでいくか議論になった。しかし、質屋と信用金庫ではそれぞれ異なる金利規制が定められており、質屋の金利は信用金庫の上限金利を大きく上回っているので、質庫を兼営している限り信用金庫に転換できないのであった。信用金庫に移行していく資格は十分にあったのだが、質屋という庶民の小口金融を継続する道を選んだ結果、あえて信用組合にとどまることにしたのである。

もっとも、消費者金融の出現などの社会情勢の変化もあって質貸付の衰退は年々激しく、一九七二年、ついに質業務を完全に廃止することになった。しかし、賀川豊彦が蒔いた質庫信用組合の種は、九〇年後の今も中ノ郷信用組合として立派に花を咲かせながら、地域の中小事業者・庶民の金融を支えて続けている。

6 大杉栄と鈴木文治・賀川豊彦との論争と友情

戦前の労働運動や協同組合の歴史に関心のある方なら、思想家・労働運動家大杉栄の名前はご存じだろう。だが、総同盟友愛会の鈴木文治や賀川豊彦とも交流があったことを知る人は少ない。

一九二三(大正一二)年九月一日に起きた関東大震災後の九月一六日、大杉は、憲兵隊司令部で甘粕正彦大尉らによって妻・甥とともに惨殺された(甘粕事件)。労働者生協「共働社」を作った平澤計七(三四頁参照)ら一〇名の労働運動家たちが、九月三日に亀戸警察署で虐殺された(亀戸事件)のに続く事件だった。大杉殺害は甘粕の単独犯とされ禁錮一〇年の判決を受けたが、三年弱で仮釈放されている。戦前の日本では、労働運動・社会運動家に対する警察や軍隊の拷問や殺人はほとんど不問に付されるのが常だった。

この頃、大杉は、政府から無政府主義者(アナキスト)の烙印を押され、特別監視の対象にされていた。彼の書いた論文や書籍、翻訳本の多くは発禁処分を受け、発言の機会を封じ込まれていたのである。本来、無政府主義は「中央集権的な上下の支配関係ではなく、上下関係のない水平的な人間社会をめざす」考え方であったのだが、政府は、アナキスト＝国家の存在を否定＝暴力革命＝テロリストのレッテルを貼り、大杉をその頭目とみていたのだった。

いっぽう、労働運動における大杉は、総同盟友愛会やマルクス主義者に対して、激しい批判と行動を繰り広げていた。たとえば、新聞『労働運動』（一九一九〜二〇年）に書いた「労働運動家鈴木文治論」、「賀川豊彦論」で、鈴木・賀川に対する辛辣な批評を行っている。また、行動も奇抜だった。労働組合の集会に一聴衆として参加しつつ、演説者に対して会場から論争を仕掛け、立往生させることが度々あったという。他人の演説会を乗っ取るやり方は、「演説もらい」といって煙たがられていたようだ。

批判の矛先は革命を起こしたロシアのレーニンにも向けられる。「極端な専制帝国であったロシアにはやはり極端な専制共和国が生まれた。マルキシズムは民衆が自分の運命を作っていくことを決して許すものではない」と。

ところが、鈴木文治や賀川豊彦は大杉に対して不思議と好意的な態度をとっているのである。

大杉は、「資本と労働は協力調和というよりもむしろ一致融合すべきものである。しかしこの関係は決して資本家と労働者との関係ではない。この二つの関係はまったく別々のものである」と言う。鈴木や賀川にはその区別がないために、資本家と労働者の調和＝労資協調論になるのだと批判する。

同時に、争議指導の方法にも疑義を差し挟む。工場内の労働者から交渉権限を取り上げ、資本家との一切の交渉を請け負ってしまう。これでは労働者自身の自主性が育たないと酷評する。「労働者には自主自治の観念が薄く、とかく中央集権的、強権的な思想感情に陥りやすい。自分のことは自分でするというしっかりした自主心がなければ、労働者は旧社会破壊の道具にだけ使われてしまう」と大杉は心配するのだ。

つまり、大杉の鈴木・賀川批判は、幹部請負型の中央集権的手法か労働者の自主性を尊重する分権自治的手法かの違いにその核心がある。だから革命を起こしたロシアに対しても、共産党を頂点とする中央集権的な専制共和国が生まれただけだと批判したのだった。

では、大杉の分権自治的手法とはどのようなものだったのか。「いっさいの社会問題、いっさいの労働問題は、資本と労働との分割に帰因する。したがって、そのもっとも徹底した解決法は、この分割の廃止、すなわち共同資本と共同労働とにならなければならない」。大杉は、自分たちで資本を持ち寄り、自分たちで働きながら経営するという「労働者協同組合」を展望していたのである。

それでも、鈴木は大杉のことを「世事を気にせず、明るく、世間離れした趣があり、あっさりしていて、名誉、利益などに執着せず、純情で、情熱的で、生一本な性格で多くの労働者を引き付けていた」と、また、「演説もらい」の手法についても「無政府主義者に、ほとんど言論の自由が認められなかった当時としては、これもまたかなり有力な宣伝方法であった」と、きわめて好意的に評価している。

賀川も、事件後の『改造』一一月号の「大杉栄追想」に「可愛い男大杉栄―悪口言われても悪い気はしない」と寄稿している。論敵にもエールを送る鈴木や賀川の友情と懐の深さに見習うところは多い。

四　戦前・戦後直後の労働組合と生協
――お金にまつわる話を中心に

労働争議は、大正年間から昭和初期にかけて全国各地で多発し、その詳細な記録は多く残されているのだが、争議に要した費用についての記録はあまり見当たらない。そこで、ここでは争議費用と解決金の分配など、お金にまつわるものを取り上げてみた。
また、戦後直後の労働組合結成にＧＨＱ（連合国軍最高司令官総司令部）や会社がどのように関わったのか、さらに生協誕生時のいきさつやその財源にも焦点を当ててみたい。

1　井堀繁雄の遺したもの——労働運動と組合財政①

一九五一（昭和二六）年に埼玉労金を創設した初代理事長の井堀繁雄は、一九歳で一九二一（大正一〇）年の川崎・三菱造船所大争議に参加、検挙され六か月の実刑判決を受けて以来、一貫して労働運動に身を投じてきた活動家であった。二七（昭和二）年、総同盟埼玉支部連合会結成大会で書記長に選出されてからは、主として川口を拠点に、労働運動、消費組合（労働者生協）運動、農民運動を指導してきたのである。キューポラの町として知られた川口には、最盛期に七〇〇を越える鋳物工場があったが、二六年から三四年までに起きた争議件数は二〇〇件以上にものぼったという。

その間の川口鋳物業の労働事情、労働組合の事業・運動、労働争議の記録は、井堀が一九三四年に編集発刊した一〇〇〇頁を超える『川口鋳物業に於ける労働運動十年史（上・下）』（東京鐵工組合川口支部）で知ることができる。なかでも興味深いのは、当時の労働組合費がどのように使われていたのか、労働争議解決時に会社から受け取った解雇手当や解決金（金一封）の額と配分先、争議に際してお金や物資を寄付してくれた個人名、争議に要した費用の収支明細などが詳細に記録されていることだ。

一九三二年二月から八十数日間の争議で一一名の解雇者を出した伊藤工場の場合は、一人二五〇円の解雇手当の他に争議見舞金三五七〇円を受け取って解決した。争議中にかかった家賃、蒲団代、二五俵の米代、薪炭・電気料など総額一五〇〇円余りの費用は、寄付金、積立金・総同盟本部からの借入金、行商利益金などでまかなった。不足分約五五〇円は争議見舞金から補てんし、残り三〇〇〇円余が争議中の日給分配金として組合員に配分されている。

解雇者を出さずに勝利した一九二七年の関口製作所の争議では、会社から一二〇〇円の金一封を受け取った。争議団積立金や二六〇円も集まった寄付金でも足りなかった争議費用一三八円は、金一封から補てん。残り一〇六二円は争議中の日給半日分として組合員に配分された。

実は、井堀がこのような詳細な争議収支明細書を遺したのには理由がある。それは、大正年間から昭和初期における労働組合や労働争議の財政処理をめぐる苦い経験があったからだった。

2　松岡駒吉の決断――労働運動と組合財政②

争議解決金をめぐる苦い経験とはこういうことである。

戦前、労働組合法を制定する動きは資本側の強い抵抗で、何度も頓挫している。その際、資本側は解決金（金一封）の不透明さを指摘したのだ。「労働運動者と申しまする者が、金一封を授受し……大部分が此の運動家の懐に入るのでありまして……事業家も非常に迷惑し……労働者も非常に慨嘆して居ります」と。

そうした事実があったことを、戦前からの総同盟の活動家だった天池清次が証言している（天池清次『労働運動の証言』日本労働会館、二〇〇二年）。「金一封はたいがいそのストライキを指導した人が賃金みたいに受け取るわけですね。組合がもらうけど、もらった組合もお世話になった指導者にあげましょうという習わしがあった」。もちろん、労働運動家たちは無私の人々だったし、組合費が十分に集まらない時代にはやむをえない面があったのだが、こうした習慣はしだいに労働者から疑問視され始めていく。また、総同盟から分裂した評議会も「解雇手当交渉請負業者」として批判していたのだった。

天池はさらに言う。「それが不健全だと、労働組合の専従者に給料をきちんと出すようにしたのが松岡駒吉さんです。組合が金一封をその人に出すというのなら、本部に納めなさい」。こうして、総同盟の会計責任者になった松岡は、専従者を本部の有給役員に改めたのであった。

松岡は、一九二七（昭和二）年秋から七か月にわたり自らが指導した野田醤油の大争議の顚末を、詳細な収支決算書とともに遺している（松岡駒吉『野田大労働争議』改造社、一九二八年）。組合は三八万円の解雇手当のほかに七万円の争議費を受け取ったが、争議費用は一四万一〇〇〇円余も要した。受け取った争議費用では足りず、三万六〇〇〇円余の寄付金、借入金、積立金などでまかなった。「会社から受け取った四五万円の分配について、世間兎角の批評があるようだが、一點指されることなきよう公平を期し……これを印刷に附して各所に配布した」。こうして、社会の耳目を集めた野田大争議は一切の不透明さもなく終結したのである。

松岡の指導宜しきを得て、前項で述べた埼玉労働金庫初代理事長の井堀繁雄が、川口鋳物工場における一〇年間の争議の実態を組合財政も含めて詳細に書き遺したのには、そんな事情があったからだった。

3 敗戦で続々と結成された自主的な労働組合

戦後、日本を占領した連合国軍総司令部（GHQ）は、「日本国政府ハ日本国民ノ間ニ於ケル民主主義傾向ノ復活強化ニ対スル一切ノ障碍ヲ除去スベシ」というポスダム宣言を受けて、一九四五（昭和二〇）年一〇月一一日に、労働組合結成の奨励、女性参政権付与、学校教育の自由化、財閥解体などを日本政府に命じた。そこで日本政府は一〇月二七日、厚生省に三四名の委員からなる「労務法制審議委員会」を設置して「労働組合法」制定のための検討を始めたのである。

しかし、労働組合法の制定を待つまでもなく、戦争中解散もしくは産業報国会への転換を余儀なくされていた労働組合は、一九四五年八月一五日の敗戦を機に、各地で再建にとりかかる。

早くも一〇月五日に「全日本海員組合」が結成され、一〇日には松岡駒吉ら戦前の総同盟のメンバーを中心に、さまざまな潮流の活動家たちが加わって「労働組合総同盟」の中央準備会を立ち上げた。一一日には、埼玉労金の初代理事長で戦前からの活動家であった井堀繁雄によって、「埼玉金属労働組合」が再建されている。一一月二〇日には「東京交通労働組合」が、二三日には広島の日立造船因島工場で「総同盟中国造船労働組合因島支部」が結成された。戦前の因島労組育ての親、金正米吉（後の総同盟会長、関西労金初代理事長）が敗戦直後の九月に因島を訪れ、旧組合幹部を集めて労働組合結成を促したことが機縁になったと記録に残されている。

一二月一四日、川崎の東芝・堀川町工場で「堀川町従業員組合」結成大会が開かれた。「全日本教員組合」も一二月一日に結成された。日本教職員組合（日教組：一九四八年六月八日）の母体となった組合だ。全国組織の労働組合は海員組合に次いで二番目であった。各地で結成された労働組合はラジオや新聞で報道され、世間の注目を浴びたという。

労働組合法が成立する以前に、労働者が自主的に結成した労働組合数は、一九四五年末には、五〇九組合三八万六七七人を数えたのである。わずか三か月間の出来事であった。

そして、労働組合法は暮れも押し詰まった一二月二二日の帝国議会で成立する。憲法よりも早く制定されたのだった。

4　ＧＨＱの後押しもあり、手探りでの労働組合作り

労働組合法制定のための「労務法制審議委員会」の労働側委員には戦前からの活動家、松岡駒吉や西尾末広ら五名が加わった。委員長には貴族院議員で日本交通公社会長の大蔵公望が指名されている。委員会は一か月で五回開かれ、集中した議論を経て、敗戦からわずか三か月後の一九四五（昭和二〇）年一二月二二日の帝国議会で「労働組合法」が成立（施行は翌年三月一日）したのである。団結権・団体交渉権・争議権の保障を盛り込んだ労働組合法は、何と、憲法や労働基準法に先んじて制定されたのであった。

労組法制定をきっかけに全国各地で雨後の筍のように労働組合が結成されていく。一九四六年末には、一万七〇〇〇組合、四九〇万人と驚異的に伸長したのであった。もちろん、労組法が制定される以前から、労働者が自主的に結成した労働組合が数多くあった事実は前項で述べた通りだが、労組法に後押しされて結成された労働組合も多かったこともまた事実であった。

とくに、ＧＨＱが労働組合結成を奨励していることが明らかになると、ＧＨＱに接収され、高級将官用の宿舎になった「第一ホテル」や「帝国ホテル」でも手探りで労働組合作りが進められた。第一ホテルは、一九四六年五月六日に日本で最初に労働組合を結成したホテルである。続いて、八月一日には帝国ホテル従業員組合が結成された。当初の労組法では、結成後一週間以内に届け出ることを義務付けられていたのだが、八月五日、東京都に提出した帝国ホテル従

業員組合の結成届の文書が残されている。「昭和二十一年八月一日労働組合法ニ依リ帝国ホテル従業員組合ヲ結成致候條別冊ノ通リ規約貳部並ニ役員名簿貳通添付此段及御届候也」。候文でしたためた届出文書を作成した労働組合役員の緊張した面持ちが今でも伝わってくるようだ。一一月には同じくGHQに接収され、マッカーサー司令官も宿泊した横浜の「ニューグランドホテル」でも労働組合が結成された。

GHQの指令で制定された労組法、それに後押しされて結成された労働組合だから、「ポツダム組合」と揶揄された労働組合ではあるが、今ではホテル産業の中核的な労働組合として活躍している。

5　経営者も一役買った労働組合結成

労働組合法制定のための「労務法制審議委員会」の委員長で交通公社の会長だった大蔵公望は、自分の会社に組合がないのでは示しがつかないと、社員に組合結成を促した。さっそく秘書課長を中心に組合づくりを始めたものの、会社の真意を測りかねた準備委員は法制定当日の一九四五（昭和二〇）年一二月二二日に、会社あてに「労働組合を結成してよろしいか」とお伺い書を提出したのだった。六日後の二八日、今では考えられないことだが、会社から「許可する」という文書が発出されている。安心した従業員は、二か月後の四六年二月二五日、「日本交通公社従業員組合」を結成した。結成大会には、会長の大蔵や労務法制審議委員会の末弘厳太郎東大教授も出席して祝意を述べている。

一九四六年四月二〇日、全国の日本通運で働く八五〇名の労働者が、東京で「全日通労働組合」を結成した際のいきさつも興味深い。労働組合結成には経営者もひと役買っていたというのだ。戦後直後、GHQによる労働組合結成の奨励、財閥解体、戦争犯罪人の処罰、戦争協力者の摘発の前に、経営者の多くは戦々恐々としていたのだった。戦時中あった「産業報国会」などでの彼らの行動が、戦争協力とみなされ処罰の対象にされはしないかという惧れである。そのため、自社に労働組合が結成されれば、占領軍に協力しているとみられるし、世間に対しても民主化の表看板になるという計算からだった。

また、一九四六年二月九日、戦前の大争議を経験した野田醤油（現キッコーマン）でも従業員組合が結成された。会社も間接的に協力して、工員だけでなく課長・工場長も加わった組合だった。じっさい結成大会には、社長だけではなく、町長、警察署長までもが来賓として招かれた。工員の危惧を反映してか、結成大会では「御用団体」にならないことをわざわざ決議している。

会社の思惑がどうあれ、労働者の湧き上がる思いが根底にあったからこそ、労働組合があらゆる産業・企業、各地域で結成されたのであった。これらの組合は現在もそれぞれの産業の中心組織として頑張っている。こうして、一九四九年には組織率が最大の五五%を超えたのであった。

6　借金でスタートした戦後直後の生協の再興

二〇一八年七月、四谷駅前にある日本生活協同組合連合会（日本生協連）の資料室で、生協が再建された敗戦直後の資料を閲覧していた時、偶然にも賀川豊彦が署名した二通の赤茶けた契約書の原本を発見。驚きと感激で、一瞬手が震えてしまった。

日中戦争が始まると、労働者生協や大学生協は警察の介入と弾圧で解散させられ、平和主義者の賀川豊彦でさえ反戦活動容疑で憲兵隊に検束されてしまう。また、戦争遂行のため、米・砂糖・食用油などの主要物資が配給制になり、市民生協のほとんどは事業を停止せざるをえなかった。そのため、戦後まで生き延びた生協はわずかだったといわれている。

戦争が終わると、生協陣営も統一して立ち上がる。イデオロギー的な対立から運動の統一が図れなかった戦前の経験を反省し、さまざまな潮流のグループが一緒になって、一九四五（昭和二〇）年一一月一八日、賀川豊彦を会長に日本協同組合同盟（日協同盟）が設立されたのだった。

戦後直後の食料難もあり、設立されたばかりの日協同盟には、生協を作りたいという相談が殺到し、その対応に忙殺されたという。そして、二年後には全国で六五〇〇組合、三〇〇万人の組合員を擁するまでに発展したのである。

ところが、日協同盟を支える資金は全く足りず、半年で八万円もの赤字を出してしまう。その資金繰りのため、賀川会長が長崎県の佐世保海軍工廠の共済会（財団法人共済協会）から一〇〇万円を借り受け、提供したのであった。今回発見した契約書原本の一つは、その金銭貸借契約書で、「昭和二十二年以降毎年二十万円を弁済、二十六年までに完済する。利息年五分」の条件が記され、一九四五年一二月一九日付で賀川が署名している。残されていたもう一つの契約書の原本は、四六年二月八日、産業報国会精算人柏原委員長と日協同盟賀川会長との間で結ばれた産業報国会財産の「無償譲渡契約書」であった。

では、賀川がなぜ、一〇〇万円もの大金を借りることができたのであろうか。また、なぜ日協同盟が産業報国会の財産をただで譲り受けることができたのであろうか。そこには、大正時代から協同組合運動にかけてきた賀川を信頼する広範な人々との信頼関係があったからだった。

7　産業報国会の財産をただで生協に譲渡した中林貞男

賀川豊彦が日協同盟の資金繰りのために財団法人共済協会から借り受けた一〇〇万円は、日協同盟の慢性的財政難から、約定どおりの五年では完済できなかった。結局、日協同盟では返済できず、賀川の印税などで完済したのは、賀川が亡くなった一九六〇（昭和三五）年だったという。

また、誕生したばかりの日協同盟に、産業報国会本部にあった机や備品、用紙など総計一三〇〇点もの財産が無償譲渡されたいきさつも興味深い。

戦争遂行のために、無理やり労使協力の組織として発足した大日本産業報国会は、敗戦直後の一九四五年九月三〇日、GHQによって解散させられたが、残された財産の処理や職員の再就職のために、残務整理委員会が設けられた。その実務を直接担当する総務部長に、中林貞男が就いたのであった。

中林は、報知新聞記者を経て大日本産業報国会参事となり、戦後は生協運動に入り、日本生協連専務理事、第四代会長を務めた人である。その幅広い人脈から労働金庫設立にあたって、労働省や大蔵省との折衝に多大な貢献を果たし、労働金庫協会事務局長も兼任した時期がある。さらに、一九五二年に設立された東京労金の初代副理事長にも就任している。実は、労働金庫設立の影の立役者でもあったのだ。

さて、中林は「官製の産業報国会といえども、建前上は労使が協力して設立したものである以上、残余財産の半分はこれから生まれる労働者の民主的運動に提供すべきだ」と主張、政府やGHQの了解も取り付けたのである。しかし、当時はまだ労働組合の全国組織が結成されていなかったので、同じく労働者の組織であるという理由を付けて、日協同盟に無償譲渡したのであった。それが証拠に、賀川豊彦が署名している譲渡契約書には「将来労働組合ノ全国組織ガ結成セラレタル時ハ……中央労働委員会ノ裁定ニ依リ半バニ下ラザル部分ヲ之ニ無償譲渡ス」と記されており、本来財産を譲り受けるべき当事者は労働組合であることをわざわざ明記している。ただ、その半年後には、労働組合の全国組織である総同盟や産別会議が結成されたのだが、譲渡契約書どおり譲渡財産の半分が労働組合に渡された形跡は見当たらない。

8　埼玉労金の本店は産業報国会の会館だった

産業報国会本部の例にならうかのように、日協同盟東京支部にも東京産業報国会から机、椅子、金庫など一万円相当の財産が無償譲渡された。これらの産業報国会からの譲渡物資のなかには、当時割当制で入手困難な新聞用紙が含まれており、機関誌やパンフレット類の発行に大いに役立ったという。

また、産業報国会の資産が直接労働組合に渡された事例も埼玉にある。戦前の最盛期には七〇〇もの鋳物工場が操業していたキューポラのある街、川口には産業報国会の会館があった。敗戦により産業報国会が解散させられたことで、その管理権はGHQに移されたが、その運営は結成されたばかりの埼玉金属労働組合の井堀繁雄に委ねられた。戦前からの労働運動家だった井堀は、戦後直後の一九四五（昭和二〇年）一〇月に早くも埼玉金属労働組合を立ち上げ、GHQに対して産報会館の運営を任せてほしいと折衝を始めている。GHQの埼玉県の責任者であったライアン中佐は、申し入れに来た井堀の率直な言動に好印象を持ったようで、「駐留軍管轄下にある川口駅前の旧産報会館の運営をゆだねる」と伝えてきたのであった。

川口市本町四丁目一九二番地（住居表示の変更で現在は四－二－三）にあった産業報国会の川口会館は、一九六四年に建て替えられたが、戦後一貫して労働運動、協同組合運動の拠点となっており、現在は川口友愛センターとなっている。また井堀は、埼玉労金の初代理事長に就いているが、池田隼人大蔵大臣に出した信用協同組合埼玉労働金庫（埼玉労金）の内認可申請書（昭和二五年一二月七日付）に記された住所はその場所である。埼玉労金の本店は、何と、川口の元産業報国会会館の場所で開業したのであった。

一九五二年四月にＧＨＱによる日本本土の占領は終わったが、それ以降も井堀を中心とする労働組合が管理・運営を続けた。五五年には、井堀を中心に設立された「埼玉県勤労者生活協同組合」もこの地でスタートし、今も営業を続けている。

ＧＨＱの占領が終った後、会館の所有権がどのように扱われたのかまでは調べていないが、ともあれ、産業報国会の財産が、戦後労働運動や生協運動に有効に使われていた事実は、記録に残しておきたいと思う。

五　銀行と信用組合、労働金庫の発祥物語

江戸時代の金融を扱う事業者は「両替商」と呼ばれていたが、「銀行」という呼称が使われるようになるのは明治時代に入ってからのことである。日本の銀行がどのような経緯で誕生したのか、その後「信用組合」や「信用金庫」、「労働金庫」という名称の金融事業が生まれたいきさつなどを追ってみたい。

1　「第一国立銀行」の設立者は澁澤榮一

二〇二四年度から発行される予定の一万円札の肖像画は、澁澤榮一（一八四〇〜一九三一年）になるという。澁澤は、明治時代初頭から、民間資本を広く募る（合本＝株式）手法で、現在の王子製紙、東京海上日動、東洋紡績、東京電力、ＪＲ東日本、東京ガス、東洋製鋼、石川島播磨重工、帝国ホテルなど次々と事業を立ち上げた。設立発起人に名を連ねた会社はゆうに一〇〇

社を超える。それゆえ、澁澤は日本資本主義の父と称されている。

一八七三（明治六）年に設立した日本初の銀行「国立第一銀行」もその一つである。

明治政府の大蔵官僚だった澁澤は、一八七二年、伊藤博文らとアメリカのナショナルバンク（National Bank）制度を参考に「国立銀行条例」を立案、布告した。その結果、日本に四つの国立銀行（注）が誕生し、不換紙幣である政府紙幣（明治通宝札や神功皇后札）とは別に、民間の銀行が兌換紙幣を発行できるようになった。そして、退官した澁澤が「第一国立銀行」を企画・設立したのである。国立銀行条例は、七六年に改正され、不換紙幣の発行が認められるようになった。そのため、華族や豪商によって各地に「国立銀行」が次々に設立され、それぞれ紙幣を発行するようになった。七九年までの短期間に、全国で一五三行も設立されたこれらの国立銀行は、設立順に番号が付けられたため、ナンバー銀行とも呼ばれている。

一八七七年の西南戦争時には、前年に設立された第十五国立銀行が、明治政府の求めに応じて、戦費のために大量の紙幣を発行したという。いっぽう、西郷軍も軍事物資を調達するために「西郷札」という紙幣を発行していた事実はあまり知られていない。

その後、一八八二年には日本銀行が設立され、「日本銀行券（日本銀行兌換銀券）」を発行、それまでの明治政府発行紙幣と国立銀行紙幣を順次回収して一元化していくのだが、一九〇〇年頃までは、複数の紙幣が流通していたのだった。これらの紙幣の実物は、東京の「貨幣博物館」

に展示されている。

（注）国立銀行といっても、国が紙幣発行を認めた民間の銀行である。

2 「銀行」の名付け親は澁澤榮一――一五三もの銀行誕生の背景

アメリカの「National Bank」を「国立銀行」と訳した経緯が、一九〇九（明治四二）年発行の『渋澤榮一評傳』（有楽社）に残されている。それによると、まずNationalは「国」の意味だが、一文字では熟字にならないので「国立」と訳した。しかし、お金を扱うところであるBankの訳語にはずいぶん悩んだようだ。商店のことを中国語で「洋行」「商行」と呼んでいるので、最初は「金行」と訳そうとしたところ、「銀舗」という有力な訳語が出されたので、その「銀」と「行」を合わせて「銀行」にした、というのだ。渋澤榮一が命名したといわれる「銀行」という名称は、こんな具合に誕生したのだが、一五〇年後の今日では何の疑いもなく使われているのである。

ところで、短期間に一五三もの国立銀行が設立されたのはなぜなのだろうか。

実は、明治新政府の財政を圧迫していたものに、旧武士階級へ給料の負担があった。米で支払われていた徳川時代の俸禄を、明治政府は「金録」として貨幣で支給するようにしたのだが、その負担は一七八〇万円と支出の三割近くを占め、明治政府の大きな悩みであった。そのため、一八七五年、一時金を支払って金録支給を打ち切ったのである。今日の「退職一時金」とでもいえようか。ところが政府に現金はない。そこで、現金の代わりに「金録公債」と呼ばれる債権を発行したのである。金録二五円未満の下級武士には一四年分、年利七％の利子。六〜七万円の藩主・維新の功労者（華族）には五年分、五％の利子を付け、最長三〇年で償還するというものであった。こうして、政府にとって重荷になっていた士族への金録は、約二〇〇〇万円の償還金と五〜七％の利子負担で済むようになった（『明治前期財政経済史料集成』第四巻、改造社、一九三六年）。

しかし、武士階級全体の九五％、二六万人にあたる下級士族の困窮はひどいもので、西南戦争はじめ各地で起きた士族の反乱の原因の一つでもあったが、莫大な金録公債を手にした華族たちは違った。

一八七六年に改正された国立銀行条例では、金禄公債を資本金に充当することと不換紙幣発行を認めたために、金録公債を資本に、華族たちが各地に「国立銀行」を設立し、わずか三年間で一五三行にもなったのであった。

3　信用組合がなぜ誕生したのか

新潟県の第四銀行は、一八七四（明治七）年三月に四番目に開業した現存する最古の銀行であるが、十六銀行（岐阜）、十八銀行（長崎）、七十七銀行（宮城）、百五銀行（三重）、百十四銀行（香川）も、一八七七〜七九年に設立された国立銀行がそのルーツである。もっとも、長野の八十二銀行は第十九銀行と第六十三銀行が合併、数字を足してつけられた名称だが。今、各県に存在する地方銀行も沿革をたどればほとんどが一五三のナンバー銀行に行きつく。

しかし、銀行は大規模なインフラや大工場の資金需要を満たすためのものであり、地域の農民や零細事業者の小規模の資金需要に応じる存在ではなかった。そのため、農村や地域の小規模な資金需要をまかなう金融システムが必要になったのである。

そこで、明治政府は、一八九一年の第二回帝国議会に「信用組合法案」を上程。ドイツに留学した内務大臣品川弥二郎と平田東助法制部長が、「Kredit Genossenschaft」を参考に立法化しようと試みる。もっとも、日本にはそれ以前にも「講」や「無尽」と呼ばれる庶民金融のしくみがあり、立法にあたっては幕末の二宮尊徳が創設した「報徳五常講」も参考にしたようだ。事実、貴族院の議事録には「報徳社ハ徳ヲ以テ徳ニ報ユルト云フ精神カラ出タモノデゴザリマスルガ、殆ド之ヲ信用組合ノ制度ニ異ナラヌモノト言フコトガ出来マスル」と、ある。

ドイツ語の Kredit は、「疑いを挟まない」「間違いなしと承認する」という日本語の「信用」と同義である。Genossenschaft には、「組＝仲間になる」と「合＝一つになる」を熟字にした「組合」が充てられ、今日の「信用組合」という言葉が生まれたのである。

しかし、この信用組合法案は廃案になり、実際に信用組合に法的根拠が与えられたのは、一九〇〇年の日本最初の協同組合法である「産業組合法」によってである。それでも、産業組合法制定以前から各地で信用組合が作られており、一八九二年の掛川信用組合（現掛川信用金庫）を皮切りに、全国に数多くの信用組合が誕生している。そして、農業者・中小・零細事業者の金融を支えてきたのであった。

ところが、大正年間になると、その信用組合に金庫という名称が付けられるようになっていく。

4　日本で最初に「金庫」を名乗った「労働金庫」

信用組合は、地域の農民や中小・零細事業者の顔の見える関係性、相互の人間性まで知り尽くしているなかで融資を行うものなので、その区域は「市町村の区域以内」に限定された。信用事業を行う農協が最近まで、市町村単位に存在したのはその名残であるし、今日の協同組合の「県域規制」のルーツでもある。

ところが、一九二一（大正一〇）年、産業組合法上の信用組合として、東京に金庫の名前を付けた「信用組合労働金庫」が設立された。友愛会の出版部長も務めた平澤計七や岡本利吉らが発起人になったものだ。労働金庫を皮切りに、翌二二年から三三（昭和八）年までの間に、巣鴨町金庫、都民金庫、鹿沼相互金庫、石巻庶民金庫、仙台市民金庫、神戸市民金庫など、金庫を名乗る信用組合が各地に誕生している。

ところで、「金庫」という名称はいつから使われだしたのだろうか。もちろん、「金銭や財宝を保管しておく倉庫、かねぐら」という意味では古来より使われているが、法律用語としては、一八八九（明治二二）年の勅令第一二六号「金庫規則」が初出のようである。それによると、「金庫ハ国庫ニ於テ保管出納スル現金ヲ取扱フ所トス」となっている。

だから、政府系金融機関の「産業組合中央金庫」（一九二三年：現農林中金）や「商工組合中央金庫」（一九三六年）が金庫を名乗ったことは理解できる。

しかし、民間の信用組合が政府系金融機関よりも早く、日本で最初に「金庫」を名乗り、それを当局が認可したいきさつはよく分からない。単に「労働者のかねぐら」の意味だと主張したのが認められたのかも知れない。ただ、せっかく設立した労働金庫であったが、当時は低賃金ゆえ労働者が貯蓄できるような環境になく、一方で労働争議の支援や一九二三年九月一日の関東大震災の影響もあり、わずか五年で「労働階級に対する金融事業は時期尚早」と悲痛な叫びとともに解散を余儀なくされたのだった。

戦後、信用組合が「信用金庫」になり、労働銀行設立を決議した労働組合が、「労働金庫」を名乗った萌芽は、実に一九二一年の「信用組合労働金庫」にあったのである。

5 「銀より上の金」――戦後の信用金庫・労働金庫のいわれ

戦後、労働組合は結成直後から「労働銀行」を作ろうと動き出す。一九四九（昭和二四）年一一月の総同盟第四回大会でも五一年三月の総評第二回大会でも、「労働銀行設立」が決議されたのだが、なぜ労働銀行ではなく労働金庫という名称が使われるようになったのだろうか。

戦前の信託会社が「信託銀行」に、無尽が「相互銀行」に転換した同じ時期に、「信用金庫法」が制定（一九五一年六月）されている。戦前からの「市街地信用組合法」に基づく「信用組合」が「信用金庫」になったのであった。当初、大蔵省の案では、「信用銀行」に転換させようとしたのだが、信用組合サイドは「銀行に成り下がりたくない」と「信用銀行」案を拒否したといわれている。それは、戦前の大銀行が農村から集めたお金を大規模インフラや中央で運用するばかりで、地方経済の血液の役割を果たしたのは信用組合であるという強い自負心からであった。銀行に代わる名称に妙案がなかったその時、当時の大蔵省舟山正吉銀行局長（後の事務次官）が「政府系金融機関だけしか使っていない金庫という名称を使うことを認めましょう。オリンピックにも金・銀・銅がありますね。金は銀よりも上です」と説得し、「信用金庫」になったという。まるで笑い話のようだが、当時の記録に残っている。

じっさい、戦前の産業組合中央金庫（現在の農林中央金庫）や商工中央金庫、庶民金庫・恩給金庫・復興金融金庫（戦後は国民金融公庫、日本政策投資銀行）など、金庫の名称は政府系金融機関にしか使われていなかった。

そして、一九五〇年秋には大蔵省から正式に「信用金庫法案」が出されたのであった。ちょうど、岡山や兵庫で労働金庫の前身である「勤労信用組合」が設立された年である。金庫という名称は、言葉といい響きといい、世の中に好感を持って受け止められたようである。そんな事情を反映してか、当初「労働銀行」創設をめざした労働組合もさっそく、労働銀行ではなく労働金庫に適応した根拠法制定のために動き出し、早くも五一年二月には「労働金庫設立促進全国連絡会議」を発足させている。そして、同年一〇月九日、すでに信用組合として営業を開始していた岡山・兵庫・北海道・千葉・埼玉・福島の六道県と準備中の十数府県の代表者が集まり、「全国労働金庫協会」が労働省の協力もあって設立されたのであった。こうして、すでに営業を開始していた勤労信用組合という名称でもなく、労働運動が当初掲げていた労働銀行でもない、銀より上の「労働金庫」法制定運動がスタートするのである。

しかし、好感をもって受け止められた金庫という名称ゆえ、なかにはその名前を悪用するケースも散見されたところから、一九五三年の信用金庫法の改正で、それまでに金庫の名称を使っていた金融機関を除き、金銭の貸付や投資を業として行う者に「金庫」という名称を使うことが禁じられることになった（信用金庫法第六条二項）。幸いなことに、労働金庫法は改正信用金庫法が施行される直前に制定されたおかげで、「金庫」と名乗ることができたのである。だから、労働金庫以降、日本には「金庫」を冠した金融機関は存在しない。なお、戦後の政府系金融機関には「公庫」という名称が使われている。

もっとも、労働運動が昂揚した大正期に、「信用組合労働金庫」が設立されたが、事業が成り立たず五年で解散したこと、労働金庫と称することを東京市が認可したその間の事情がよく分からないことは先に述べた。

銀行と金庫のいわれをめぐるエピソードである。

6　東京労金誕生秘話

今でこそ預金量二一兆円、融資額一四兆円を超える全国の労金であるが、発足当初は出資金と預金集めに、労働組合役員や労金職員は組合員を説得するオルグ活動に奔走しなければならなかった。

一九五二（昭和二七）年五月一日に営業開始した東京労金とて例外ではない。初代理事長には大蔵省出身の今井一男が就いた。中央金庫的な性格を持つことが期待されたため、理事長は労働組合出身者ではなく中立的な人がいいと担ぎ出されたのであった。確かに、副理事長には高野実総評事務局長や日本生協連専務の中林貞男（後に日本生協連会長）、また顧問には日本の生協生みの親といわれる賀川豊彦が就任するなど、他の金庫とは異なった布陣となっている。

さて、東京労金誕生秘話。開店まで数日となった四月下旬、不動産会社に支払う本店店舗の買収資金が三〇〇万円不足していることが判明。切羽詰って、副理事長の中林貞男は労金設立に尽力してくれていた労働省会計課長の飼手眞吾を訪ねた、「一時貸してほしい」と。「俺も東京労金のことでは今井さんの引っ張り出しからいろいろ相談に乗ってきた。男と男の約束だ、一週間か一〇日で必ず返すんだよ」。何と会計課長の一存で三〇〇万円を用立ててくれたのだ。もちろん、公金流用だから許されないことは承知のうえである。後で今井理事長に報告に行くと「頼みに行く者も行く者だし、貸す者も貸す者だ、判をついたら俺も同罪だ」といって判を押してくれたという（飼手眞吾追想集刊行発起人会編『飼手眞吾』労務行政研究所、一九八三年）。『東京労働金庫20年史』（東京労働金庫、一九七四年）のなかで、元常務理事が「三〇〇万円本店店舗の買収資金が不足して、あちこちかけずり回り開店に間に合わせた」と証言しているから、事実に相違あるまい。危機を乗り切った開店当日は、奇しくも労働運動史に残る「血のメーデー」事件の日であった。

戦後の混乱期、分立する労働組合と生協が一緒に汗をかいて作ったのが労金であるが、その裏に労働省の協力があったことも記憶にとどめておきたい。一九五一年、発足当初の労金協会事務局が労働省の中に置かれていた事実を見ても、労働省の協力があったことがわかる。

質屋と高利貸しからの解放をめざして、労働金庫を作ろうと奔走した労働組合、生協、労働省・大蔵省の改革派の官僚たち。夢を実現させるために時代を駆け抜けたその行動力に、われわれは今一度学ぶ必要がありそうだ。

六 共済と保険の違い、その歴史

今日では広く市民権を得ている「共済」と言う言葉だが、「保険」と何が違うのかと問われると考え込んでしまうのではないだろうか。保険会社の取扱うものが「保険」で、協同組合のそれが「共済」なのだと答えても、「でもなぜ違うの?」と問い直されると、たちまち返答に窮してしまう。

ここでは、共済の誕生の歴史をたどるとともに、そもそも共済と保険は何がどう違うのか、その本質を掘り下げて考えてみたい。

1　保険と共済の萌芽

明治維新前後から、日本でもようやくヨーロッパの保険や協同組合のことを扱ったいくつかの書物が翻訳されるようになる。そもそも日本語にない言葉に当てはめるのだから、訳した先人たちの苦労がしのばれよう。

ヨーロッパの保険制度を最初に翻訳したのは福沢諭吉である。一八六七（慶応三）年に発刊した『西洋事情（附録）』の「災難請け合いのことインシュアランス」の項で紹介している。福沢は、insuranceを「災難請け合い」と訳したのだった。そして、火災・海上・生命の三種類の請合がある、と書き残している。

「保険」という訳語は、一八六九（明治二）年、山東一郎編『新塾月誌』第二号に出てくる。「インシュレンスを支那語に訳して保険または担保と称する」と。インシュレンスにはフハヤ・ライフ・マリンの三種があり、「宅担保・命担保・船担保、或は火災保険、海上保険と名づく」と書かれている。保険はもともと「要害の地に立てこもる」の意味だが、そこから転じて「危険の無いことを保証すること」に中国で使われはじめたようだ。ところが不思議なことに、「生命保険」という呼称だけが日本語に翻訳されていないのだ。その理由は判然としない。

海難事故による積み荷の損害を負担し合うしくみは日本でも古くから存在したが、海上保険会社が最初に設立されたのは一八七九年である。西南戦争で軍需物資の海上輸送を一手に引き受けた三菱の岩崎弥太郎が、海難事故を保証する保険会社の経営を企図したのだが、日本資本主義の父といわれた澁澤榮一にたしなめられる。船会社が保険会社を経営するのは利益相反だ、と。三菱は資本参加するだけにして発足したのが、東京海上保険会社である。国際的には東京マリンと呼ばれた。また、火災保険は一八八七年の東京火災保険会社が初めてである。

では、生命保険はいつ生まれたのであろうか。一八八一年に、生命表をもとに保険数理を用いたわが国初の生命保険会社、明治生命保険会社が設立されている。ところがなんと、生命保険会社に先がけて日本では「共済」がスタートしているのである。

2 「共済五百名社」の誕生——生命保険との違い

一八八〇（明治一三）年一月、後に安田銀行や東京火災保険会社をはじめ多くの企業を育てた安田善次郎が、江戸幕府の外国奉行も務めた成島柳北らとともに「共済五百名社」を設立した。五〇〇人限定の会員組織で、まず一人二円を徴収する。誰かが死亡した場合、会員が拠出した一〇〇〇円を弔慰金として遺族に支払う。そして、その都度二円を徴収するというしくみである。それとは別に六円徴収し、その三〇〇〇円の運用益で事務費を賄ったのである。そのため、このしくみは「賦課式」の生命保険と呼ばれている。

当時の二円は現在の価格に換算すると二～三万円程度と推定され、一人亡くなるごとに二円を拠出するわけで、庶民に手の届く内容ではなかった。実際メンバーになれたのは実業家、言論界、官僚など上層階級に属する人たちであった。その後、保険数理を用いたわが国初の生命保険会社、明治生命保険会社が設立されたことは前項で述べた。「共済五百名社」も後に安田生命保険会社となった。両社は合併して現在は明治安田生命保険会社となっている。

ではなぜ安田善次郎が生命保険会社ではなく、「共済五百名社」を設立したのだろうか、その真相はよく分からない。あるいは、人の命を保険という商売の種にすることにためらいがあったのかも知れない。けれども、注目しなければならないのは、「共済五百名社」への加入は、一五～五〇歳の人で、一人一律二円。加入に当たって医師の診査等は要求しないという相互扶助を目的に設立された事実である。これは、生命表をもとに保険数理を用いた生命保険との明快な違いである。生命保険では保険料が一五～五〇歳まで同一ということはありえないし、病歴によって保険料に差が出てくる場合があるからだ。共済が相互扶助を体現するしくみ＝「共助」であるのに対して、保険は自らのリスクを自身で担保するもの、つまり「自助」なのである。このように、共済と保険とでは、思想・哲学が根本的に異なっているのであって、「共済」こそが、保険に勝る王道であることに、われわれはもっと自信と誇りを持っていいと思うのだ。

ところで、「共済」という言葉は、中国では紀元前の春秋時代に「ともに渡る」「ともにすくい合う」という意味で用いられていたが、日本ではあまり使われていなかったようである。

一八七九年には、原初的生協ともいうべき共立商社、大阪共立商店が設立された。「共立」はともどもに協力して起すという意味の古い日本語だが、「共済」という言葉が一八八〇年以前に使われていた事例は、知る限り見当たらない。

3 「共済」のルーツを探る

一定の限られた範囲の人々の相互扶助という意味である「共済」という言葉は、「共済五百名社」の発足以降、明治時代の後半から広く使われるようになる。

一九〇四（明治三七）年、呉海軍工廠の職工のための病院が作られたのを皮切りに、横須賀・舞鶴の海軍工廠でも病院が設立されたが、「共済病院」と名付けられた。〇七年には鉄道庁現業職員、以降印刷局・逓信局・造幣局・海軍・陸軍などで現在の年金や健康保険組合的な相互扶助の組織が「共済組合」の名前で作られている。二二（大正一一）年、健康保険法が制定されると、これらの共済組合は健康保険と同一に認められた。今日、公務員の年金や健康保険が共済組合と呼ばれているのにはそういう歴史がある。民間でも、〇五年に鐘淵紡績に「鐘紡共済組合」、一五年倉敷紡績に「倉敷共済組合」（後に共存組合さらに交友会と名称変更）が誕生している。銀行では、〇八年に小城共済銀行（現佐賀銀行）が設立されている。

ところで、戦前のわが国の協同組合（産業組合）は一九二四年の大会で「生命保険事業開始の件」

を決議している。「信用・購買・販売・利用の事業だけでは都市資本主義の搾取から農業経済を守り抜くことは難しい。それには自己生産をせねばならない。農業生産力を増大するには土地改良も進める必要がある。それには多額の長期資金がなければならない」と。相互扶助と同時に長期的な「資金獲得」をも目論んだのであった。けれども、これは保険業界の反対で頓挫する。何よりも「保険事業は株式会社または相互会社に非ざれば之を営むことを得ず」という保険業法第三条に定められている事業主体の制限を突破することができなかったからである。

それでも産業組合の保険業開始への挑戦は続くことになる。

4 産業組合による「保険会社」の買収——共栄火災

日本初の協同組合である産業組合の全国組織は、一九〇五（明治三八）年に「産業組合中央会」として創設された。当初から「保険事業は産業組合の相互扶助の精神からいっても、最も相応しい事業である」として、産業組合による保険事業経営の必要性が強調されていたが、ようやく二四（大正一三）年の全国産業組合大会で生命保険と火災保険事業の実施が決議され、調査・研究が始まった。

その協同組合保険の理論づけを行ったのは賀川豊彦である。一九四〇（昭和一五）年には「日本協同組合保険論」を執筆している。「協同組合が保険事業に手を出してはならないという謬見を持つ人がおることを憂え」、あえて出版したことを序文で述べている。

しかし、産業組合による保険事業の開始は、前述のように、会社・相互会社以外は保険業を営めないという保険業法の壁に加えて、保険業界とりわけ生命保険業界の反対が強く、幾度も頓挫した。そこで、損害保険分野に限定することにし、当面産業組合中央会の役員が個人名義で既存の損害保険会社を買収・合併させて、経営権を得る方法がとられたのである。こうして、紆余曲折を経て戦時下の一九四二年七月に「共栄火災海上保険株式会社」が誕生した。社名の「共栄」は産業組合運動の標語である「共存同栄」から採られ、株主は個人であるけれど実質は産業組合の所有であり、相互扶助を原理とする協同組合精神を理念とし、組合員の参加による民主的運営を標榜したのであった。

一九四四年農業団体法が公布され、産業組合中央会は他の農業団体と共に中央農業会に統合改編されることになった。そのため、「共栄火災」も農業団体との関係がいっそう緊密になった。共栄火災が今日もなお農業協同組合と密接な関係にあるのは、両者が産業組合をルーツとする戦前からの歴史がその背景にある。

戦後、わが国の協同組合陣営はただちに念願の保険業参入に向けて動き出す。日本を占領したGHQも、それに理解を示すような動きを見せたのだが、目指した協同組合による「保険」は最終的に「共済」になってしまったのである。

5 Insurance か Relief か――保険事業が認められなかった協同組合

戦後直後の一九四五（昭和二〇）年一一月に結成された日本協同組合同盟（日本生協連の前身）の会長になった賀川豊彦は、「保険はその本質上、協同組合化されるべきもの」なのに「途中からその純真な隣人愛的な発生と動機が失われて資本主義化」してしまったことを憂い「協同組合がもつ道徳的自粛力、非搾取・共愛互助的精神こそが保険の根本精神と一致するのだ」と、協同組合の保険業参入を主張する。自らも委員になった一九四六年三月の第一次金融制度調査会でこうした主張が容れられ、「現行保険業法に規定する保険業の形態に株式会社・相互会社の外、協同組合組織のものを認める」という試案が示されたのである。これを受けて大蔵省は、いったんは「協同組合保険は協同組合運動の一環。共栄火災保険会社の協同組合組織への移行を認める」と、協同組合に保険業を認める見解を示したのだった。

ところが、翌一九四七年の第二次調査会では、「協同組合保険」に関する条項はすべて削除されてしまう。ちょうど農業協同組合法制定の議論が本格化した時期と重なっている。日本を占領したGHQ天然資源局は、農協法上「組合員の財産の損害を保険する事業（business of insuring）」を認め、農林水産省はそれをmutual insuranceと訳したのだが、これに対して保険業界と大蔵省、さらにはGHQ経済科学局までが強く反対。最終的にはmutual reliefと、保険ではなく共済とされたのであった。そして、農協法（一九四七年一一月）や消費生活協同組合法（一九四八年七月）では、「組合員の生活の共済を図る事業」として、組合員どうしの助け合い事業に限定されてしまうことになる。こうして、農水省・大蔵省・保険業界・ＧＨＱ内部の綱引きの結果、協同組合保険はついに日の目を見ることができなかったのである。

そして、「共済事業は、保険業とは異なり、厳密な計数に基づくものではなく、吉凶禍福に対する祝金・弔慰金・見舞金又は手当金の程度で、掛金及び共済金の最高限度は、厚生大臣が定めることができる」ことになった。長い間、共済金が保険金に比べて低い水準に留め置かれることになったのには、こうした背景が横たわっている。

七　営利と非営利の意味、認可主義と準則主義について

協同組合は「非営利」事業だといわれる。非営利とはどういう意味なのか。また、協同組合はすべて所管の省庁の認可を得なければならないのはなぜか。それらの歴史的経緯を明らかに

して、その意味を考えようと思う。

1 「非営利」原則が削除された農協法

二〇一五年の第一八九通常国会では、安保法制が大きな争点となったが、もう一つ農協法改正にも関心が寄せられた。実は、今回農協法から「営利を目的としてその事業を行ってはならない」といういわゆる「非営利」原則の条文が削除されたことを、迂闊にも見落としてしまっていた。あわてて議事録を見ると、民主党の小山展弘衆議院議員が二〇一五年六月四日の農林水産委員会で「削除する必要はない」と提起したが、政府は「利益を出してはいけないと思っている組合長がいるので誤解を招かないように削除する」と答弁し、そのまま削除されてしまっている。

「全中を一般社団法人に、全農を株式会社に」しろと国が命令できるのは、認可権限と指導・監督・解散権を握っているからにほかならない。これは他の協同組合も同様である。そもそも組合員が自発的に作る協同組合に「認可主義」はなじまない、会社と同じように「準則＝届出主義」で設立できるように変えるべきだと指摘はしていたものの、「非営利」原則の削除という点にはあまり注意を払わなかったのがいけなかった。

では、協同組合に共通する非営利原則は「利益を出してはいけない」ことなのか、それとも別の意味があるのか。なぜ、協同組合に認可がなじまないのか。立法当時に戻ってその意味を考え直してみようと思う。

非営利原則が盛り込まれたのは、一九四七（昭和二二）年一一月に制定された農協法が最初である。第六条で「組合は、その行う事業によってその組合員及び会員のために最大の奉仕をすることを目的とし、営利を目的としてその事業を行ってはならない」とされた。当時はGHQ占領下だったので、英文の官報も存在しており、この部分は not the paying of dividends on invested capital と訳されている。

つまり、農協は、出資金（invested capital）に配当金（dividends）を支払ってはならず（not the paying）、利益が出れば利用分量に応じて分配する事業体のことを意味していたのである。そのため、出資金に対する配当金を期待する株式会社などの営利事業と区別する意味で「非営利」事業と呼ばれるようになった。農協は、利益を出してはいけないどころか、利益を出して組合員に還元すること、それが最大の奉仕であるといっているに過ぎないのである。

2　非営利の意味を問い直す

農協法制定の翌一九四八（昭和二三）年七月に制定された生協法にも、第九条に「営利を目的としてその事業を行ってはならない」と農協法と全く同じ文章の条文が置かれた。ところが、不思議なことに英文官報では農協法での not the paying of dividends on invested capital が not profit making に変えられているのだ。なぜ英文だけが変えられたのであろうか。

日本の協同組合法は一九〇〇（明治三三）年の産業組合法が嚆矢である。ドイツの協同組合法を参考にした産業組合法では、制限付きながら出資配当を認めており（模範定款では、当時の金利の三分の一程度の五%が上限）、その流れを受け継いだ戦後の農協法にも生協法にも制限付きで出資配当を認めていたのである。そのため、出資配当を明快に禁止していると読める農協法の英文だけを変更せざるをえなかったのではなかろうか。こうして、生協法の英文を not profit making とし、それをもともと日本語でも意味が曖昧な「非営利」という言葉に訳してしまったことによって、一層混乱が深まったのである。利益を出してはいけない non profit のか、利益を出すことが目的ではない not for profit のかという議論や農協法改正時の農協組合長さんの誤解を生んでいるのではないだろうか。

このような経緯からすると、営利を目的としない＝非営利の意味は、生み出した利益のうち、税や積立て金など必要なものを除いた「剰余金については組合員の利用高に応じた配分を第一義とし、出資金に対する配当は後回しにする」ということになろうか。

利益を出してはいけないと誤解されないように、といった理由で農協法から非営利原則を削除したのは、木を見て森を見ない浅薄な発想ゆえであり、協同組合の思想の根幹を揺るがす内容だったといわなければならない。

協同組合の根幹にある考え方を時の権力が骨抜きにできるのは、協同組合が行政の「認可」を得なければ設立できないところにその原因がある。日本の協同組合設立の認可主義とドイツの準則（届出）主義、その違いをさらに考えてみることにする。

3　認可主義と届出主義

日本の協同組合は所管の行政庁の認可を得なければ設立できない。なぜ会社と同じように自由に法人設立できないのだろうか？　素朴な問いかけから始めてみたい。

明治維新はそれまでと違って、「私的所有権」を完全に保障することを根底にスタートした。「私的所有権＝自分の物」は絶対であり、土地や物の売買や契約関係は、私とあなたの間、つまり人間と人間＝「自然人」との間で成立するという関係性が基本となっている。それに対して会社などの団体は自然人ではないので、契約主体になれないとすると不都合なので、法律に基づいて自然人と同じように契約主体になれるようにした。これを法律に基づいた「人」という意味で「法人」という。

具体的に見てみよう。会社を設立しようとすると、会社法にそって定款を定め出資金・資本金を銀行に払い込んだうえで、それらの書類が「会社法」に適合していることを公証人役場で証明してもらい、法務局に届け出れば登記は完了する、つまり「法人」になれる。これを会社法に準拠するという意味で「準則主義」もしくは「届出主義」という。

届出主義の対局は「認可主義」である。協同組合はもちろん、社会福祉法人、学校法人などは国の認可がなければ設立できない。

でも、会社は自由に設立できるのに協同組合は国の認可がなければ設立できないのはおかしくないか。そもそも、「協同組合的組織」は普通の会社＝商業的企業以上に「地域の暮らしに根ざし、組合員（メンバー）自身によって出資・経営管理され、運営される自主的・自律的組織」であるのが特徴だ。だとすれば、会社以上に自由に設立できていいはずではないだろうか。

じっさい、近年の法人制度改革でも、一般社団・財団法人はこれまでの認可主義から準則主義に転換されている。

そんな認可主義に対する素朴で根源的な疑問を持とうではないか、と提起すると、「いや国から認可されることはお墨付きを得ることになるので信用が増す」という意見が出てきそうだ。本当にそうだろうか。そのメリット、デメリットを検証してみよう。

日本の協同組合がなぜ認可制になったのか、そのいきさつを知るために協同組合法制（産業組合法）の成立過程の議論をふり返ってみたい。産業組合法が制定された一九〇〇（明治三三）年当時は、日清戦争後の不況で、人口の八割を占める小農・小商人・職工の疲弊がはなはだしく、社会の不安定化をおそれた明治政府が農民や職人の生活向上をはかるツールとして制定されたのであった。届出主義のドイツの協同組合法を参考にして作られた産業組合法だが、当初から認可・監督、場合によっては解散させる権限を国が持つことにした。そのため、ヨーロッパの協同組合と異なり、上から作られた協同組合＝お上が作った「官製協同組合」といわれている。官製であったにもかかわらず、帝国議会での審議の中で「社会主義を蒔くのか？」「いや、そうならないために作るのだ」という論争があったぐらいで、さらに同年、治安警察法を制定し、いつでも労働組合を弾圧できるようにしたのである。

こうして、明治政府は自立した農民・市民の自主性・自治を常にチェックし、いつでも解散させる権限を手中に入れた。第二次世界大戦での敗北で、治安維持法などの直接的な労働組合や生協に対する抑圧・弾圧策はなくなったが、協同組合の認可主義だけは引き継がれた。

認可主義は協同組合にどのような影響を与えるのか、直近の農協バッシングを見れば明らかだ。農協は、「農民の自主的な協同組織の確立助長をはかることを目的に、設立・加入・脱退の自由、農民の主体性・自主性の確立を原則として制定」（一九四七年、農協法制定時の農林大臣提案趣旨説明より）したのだから、仮に農協の運営に問題があるとすれば、組合員である農家が自分たちで民主的・主体的に解決すべきなのであって、なぜ組合員でもない部外者の政府が「全農を株式会社にしろ」と、したり顔で言えるのか。認可権が協同組合の自主性を失わせているからにほかならない。届出主義で設立された会社に対して政府が「お前の会社を改革しろ、さもなくば解散させるぞ」などという権限は一切ないのである。認可と届出の違いは考え方のうえで天と地の開きがあるのだ。

今すぐ届出主義に変える展望はないかも知れないが、少なくとも協同組合の自主性を考えるうえで、問題意識を持ち続けたいと思う。

八　協同組合の政治的中立の意味

1　農協法、信用金庫法にはない不思議

生協やこくみん共済ｃｏｏｐ《全労済》の根拠法である「消費生活協同組合法（生協法）」は一九四八（昭和二三）年に制定された。その生協法には、「特定の政党のために利用してはならない」という条文がある（第二条二項）。信用組合の根拠法である「中小企業等協同組合法」（一九四九

年）や「労働金庫法」（一九五三年）にも同様の規定が置かれている。「協同組合の政治的中立」といわれるものだ。

ところが不思議なことに、「農業協同組合法（農協法）」（一九四七年）、「水産業協同組合法」（一九四八年）や「信用金庫法」（一九五一年）には政治的中立の条文がない。同じ協同組合で、ほぼ同じ時期に制定されているにもかかわらずだ。なぜ、このような差異が起きてしまったのだろうか。そんな不思議な謎を探ってみようと思う。

さて、その「政治的中立」は、今日どのように解釈されているのだろうか。厚生労働省の説明によると、「特定の政党、候補者の支援を機関決定することや機関誌等で特定の政党、候補者の推薦を行うこと。施設内外でポスター等を掲示したり、施設、車両、備品等を提供すること」が政治的中立に反して違法なのだという。

いっぽう、政治的中立の条文がない農協法について、農林水産省は「農協の目的達成のために行う政治活動は、一般の法人と同様、公職選挙法あるいは政治資金規正法等に抵触しない限り認められ、農協の自主的な判断にゆだねられるべきである」という。つまり、農協の施設に特定の政党、候補者のポスターが張られ、組合長名で選挙活動が行われても、農協の自主性の範囲内ということなのだ。

同じ協同組合なのにそれはおかしいと、二〇〇九年の第一七一通常国会に当時の民主党が、農協法に政治的中立規定を加えた改正案を上程、与野党の勢力が逆転していた参議院では可決されている。もっともねじれ国会ゆえ、衆議院に送られたものの廃案になってしまったのだが。けれども、そもそも政治的中立とは、本当に選挙活動を制限する意味だったのだろうか。なぜ、生協法や中小企業等協同組合法、労金法にだけその規定が置かれたのか。それは、戦後の混乱が続く社会状況を反映した結果なのだった。

2 ICA（国際協同組合同盟）の原則だというのだが

これまでの政府の答弁によると、生協法の「政治的中立」は、一九三七（昭和一二）年にICA（国際協同組合同盟）が定めた原則にあったからだという。確かに当時のICAの原則の一つには「政治的宗教的中立」があった。ならば、どうして同じ協同組合である農協法や信用金庫法には盛り込まなかったのか、という問いに対しては、「創設時にこのような規定を置く必要性があったのかどうか、個々に判断した結果」と答えるのみで、さっぱり要領を得ない。

このICA原則は、一八四四年に創設されたロッチデール先駆者協同組合の掲げた原則を踏襲したものだ。当時イギリスでは、差別されていたカトリック教徒が平等な市民権を得た直後であり、またようやく団結禁止法が廃止され、普通選挙を求める運動が強まっていた時期で、個人の思想・信教の自由が不安定な時代であった。つまり、「政治的宗教的中立」の原則は、組合員の信仰と思想の自由を謳ったもので、いかなる宗教的・政治的な背景を持つ人でも、組合員になれることを保障する意味であり、現在わが国で解釈されている政治活動の禁止とは全く無縁のものだったのである。そのＩＣＡの原則は一九六六年に改正され、政治的宗教的中立原則は、「開かれた組合員制度（第一原則）」に組み込まれ「社会的政治的宗教的差別を受けることなく……加入できる」と、ほんらいの意味に立ち返っている。

ところで、生協法は、もともと日協同盟（日本生協連の前身）が作成した一九四七年六月案をベースに、先進的なＧＨＱの担当者の協力で原案が作られたのだが、ＧＨＱの担当者が突然解任されたため、宙に浮いてしまったのである。その原案には「政治的中立」は入っていない。その後、日協同盟が関わらなくなった途端、翌年厚生省が主導した生協法案に挿入されたのだった。

生協陣営が、「この原則制定の歴史に顧みて、政治的宗教的『自由』の意味に解せられるべきものであるが、政治的活動『禁止』の弾圧法にすり替えられる恐れがある」と強く反対したのは当然であった。案の定、制定当時の生協陣営が懸念したとおり、今日では政治的活動を禁止する条文として生協や労働金庫の行動を制約し続けているのである。

3　農協と異なり、危険視された生協や労働金庫

農協法や信用金庫法の沿革は、一九〇〇（明治三三）年の「産業組合法」に遡る。購買・販売・

信用・生産事業を包含した日本最初の協同組合法である。日清戦争後の恐慌下、人口の八割を占める農民や小商人の困窮による社会不安を抑え、地方経済の維持・充実をはかるために、政府主導で制定された協同組合法で、認可・解散権が政府にあった。それゆえ、同じ協同組合でも政府にとって目障りな労働者生協だけは、監視・弾圧の対象とされた。戦後の農協法や信用金庫法は、その延長線上に制定されており、農協や信用金庫が政府に抗うことは想定外で、「政治的中立」規定を置くことなど、思いもつかなかったのではなかろうか。今日、政府が「創設時にこのような規定を置く必要性があったのかどうか、個々に判断した結果」と曖昧にしか答えられないのは、そのためだと思われる。

いっぽう、生協法や中小企業等協同組合法・労金法は事情が違った。生協法の当初案を作成したのは、戦前解散命令を受けた労働者生協の人々だし、労金法制定に奔走したのは、産業報国会にも抗い弾圧された総同盟の人たちであった。また、一九五三(昭和二八)年に労働金庫法が制定されるまでの間に設立された労金は、一九四九年に制定された「中小企業等協同組合法」に基づく「信用組合」として発足した経緯がある。

一九四七年四月の総選挙では、社会党が第一党となり、片山内閣が誕生。商工業者が生協法制定反対運動を起こし、労働組合が金融を支配するのではないかと恐れられた時期でもある。そうした時代背景のなかで制定されたのが、これらの法律なのであった。

農協法にはない「政治的中立」条文は、つまるところ生協や労金を社会党などの労働者政党の兵站にさせてはならないという資本・経営側の強い思惑が働いた結果だとしか考えられないのである。

しかし、前項で述べたようにＩＣＡの「政治的中立」原則は、もともと政治活動の制限を意味するものではなかった。貧困や環境問題が地球規模での課題になっている今日、生協や労金は、人間らしいくらしの創造と、持続可能な社会の実現のために、委縮せず自らの主張を政治的にも社会的にももっと堂々と主張し、行動すべきだと思うのだ。

九　被災者生活再建支援法成立に尽力した全労済

一九九五年の阪神・淡路大震災をきっかけに、協同組合と労働組合の連携によって「被災者生活再建支援法」が誕生した。協同組合と労働組合はそれぞれ相互扶助（共助）を目的とした組織ではあるけれど、連携して力を発揮すれば、共益にとどまらず国民的課題（公益）にも資することが可能であることを、被災者生活再建支援法の成立は示している。両者の連携した取り組みが社会を変えたその過程をたどってみることにする。

1　被災者生活再建支援法の立役者、勝倉和男全労済元専務

地震や風水害などの自然災害で家屋が全壊、半壊してやむを得ず解体した世帯に対し一〇〇万円、大規模な補修が必要な世帯に対しては五〇万円の支援金を支給する「被災者生活再建支援法」が一九九八年五月に成立、その後二度の改正を経て、支援金は三〇〇万円に増額され、使途も住宅購入費にまで拡大されていることはご存じだろう。しかし、こうした制度を作ろうと最初に呼びかけたのが「全労済」であったこと、その仕掛け人が全労済元専務の勝倉和男だった事実を知る人は少ない。

生前の勝倉に法制定までのいきさつを筆者がインタビューした内容をもとに、彼の思いを再現してみようと思う。歴史を忘れないために。

一九九五年一月一七日未明に阪神・淡路を襲った大地震では、死者六五〇〇余名、四四万五〇〇〇世帯以上の建物が全半壊した。全労済が被災した組合員約二〇万人に支出した見舞金と共済金の合計は一八六億円と全労済発足以来最大の規模となった。また、世界中から

寄せられた義捐金は、一七七五億円とかつてない大きな金額にのぼった。

巨額だったとはいえ、全労済の見舞金は組合員一人二〇万円程度、集まった義捐金も一世帯あたりの平均にすると四〇万円に過ぎず、一九九一年雲仙普賢岳火砕流や一九九三年の奥尻島津波時の一世帯一〇〇〇万円を超える義捐金給付と比べるべくもなかった。これでは、当座の生活の足しにはなっても、個人の力だけでは生活や住宅の再建がおぼつかないことは明らかだった。

勝倉は、「地震による被害発生率は統計上算定しにくく、全労済や民間の保険では保障に限界があり、税による国民的な補償制度をナショナルミニマムとして実現すべきではないか」と考えた。そこで一九九五年六月、全労済のシンクタンクである全労済協会の中に「自然災害に対する国民的保障制度を考えるプロジェクト」を発足させ、国民的議論を呼びかけたのである。そして、賛同する日本生協連、連合、兵庫県などと一緒に七月一九日、「自然災害に対する国民的保障制度を求める国民会議」を結成させることになる。全労済が初めて組合員だけでなく、広く国民の生活に資する運動に乗り出した瞬間だった。

2　二五〇〇万筆の署名を集めた協同組合と労働組合

全労済・日本生協連・連合・兵庫県などで結成した「自然災害に対する国民的保障制度を求

める国民会議」は、二五〇〇万人の署名活動を通して「被災者の住宅再建のための審議会の設置」を内閣総理大臣に求めていくことを目標に掲げた。当時の日本の有権者数一億人、投票率五〇％としてその過半数（二五〇〇万人）の民意を署名で達成しようと考えたのだった。

全労済専務だった勝倉和男はその事務局を全労済の調査研究を担う全労済協会に置くことにした。さらに、全労済の都道府県本部が中心になり、一九九六年八月から一二月までの五か月間に全都道府県に県民会議を設置し、集中した署名活動を展開したのである。とくに、阪神・淡路大震災から二年目の九七年一月一七日には全国二〇三か所の街頭に三五〇〇名が立ち、市民に署名を呼びかけたのであった。都道府県民会議から送られてくる大量の署名簿は、八王子にある全労済の事務センターに保管された。印刷代や活動費、送料などの費用の多くを全労済グループが負担した。その結果、最終的には全労済・連合で一〇〇〇万、日本生協連が一〇〇〇万、兵庫県が五〇〇万、合わせて二五〇〇万筆を超える署名を集約したのであった。

署名簿は一九九七年二月二〇日、一〇台のトラックを連ねて官邸に運ばれ、梶山静六官房長官に住宅再建支援を柱とする「審議会設置」を要請。官房長官は「署名の重みを政府としても受け止め橋本総理大臣に伝える」と答えたものの、「審議会は入り口と出口がある程度見えないとできない」と、ネガティブな対応であった。それは、「私有財産である住宅を税で保障することはありえない。政府再保険（注）の地震保険が国策である」ということを意味していたのである。つまり、地震で家屋が全壊したことはお気の毒ではあるけれど、私的所有権の絶対性を前提に構築されている日本の法体系のもとで、行政府がその原則を曲げて税で保障することは「財務規律に反する」というものであった。

しかし、台風で商店街のアーケードが破損した場合や農作物の被害には支援制度があるのに、都市の勤労者に対する公的支援は何もないのはおかしい、と勝倉は新たな挑戦を始めたのである。

（注）民間保険会社が負う地震保険責任を政府が再保険し、民間のみでは対応できない巨大地震発生の際には、再保険金の支払いを行うしくみ。

3　住宅再建支援に至る被災者生活再建支援法の長い道のり

「国家が個人財産を保障することはできない」というかたくなな壁を突破するために、一九九七年七月、「自然災害に対する国民的保障制度を求める国民会議」は、政府提案による制度実現から「議員立法」によるそれへと方針を切り替えた。同時に、超党派の「日本を地震から守る国会議員の会」や生活再建支援制度の創設を決議した全国知事会とも歩調を合わせて立法化を目指すことにしたのである。

それでも、法案取りまとめに向けた協議・調整は難航をきわめた。とくに、「住宅再建支援」を将来的に約束する条項を法律には入れられないとする大蔵省など関係省庁の激しい抵抗だった。しかし、そもそも国民会議の要求の核心は「住宅再建支援」なのであり、生活再建支援はその第一歩に過ぎないという粘り強い主張の前に、最終的には法律の附則に「住宅が全半壊した世帯に対する住宅再建支援の在り方については、総合的な見地から検討を行うものとし、そのために必要な措置が講ぜられるものとする」という内容が盛り込まれたのである。こうして難産の末に一九九八年五月一五日、「被災者生活再建支援法」は誕生したのであった。

支援金一〇〇万円、使途はあくまでも「生活再建」の支援という建前で誕生した被災者生活再建支援法だったが、生活再建支援と住宅再建支援は車の両輪であるという国民会議の主張に沿って、附則どおり二〇〇四年と〇七年に改正された。そして、支援金は三〇〇万円に増額、使途は個人財産である住宅の解体・撤去費用にとどまらず、建設・購入にまで適用されるようになった。

法改正後に発生した東日本大震災では、地震と津波で被災した二〇万世帯（三七〇〇億）が対象となるなど、この間、二七万六千余の世帯に、四八五〇億円の支援金が支給され、被災者の生活再建に役立っている（二〇一九年一〇月末現在）。

自然災害に対する公的な保障制度を作ろうと口火を切った全労済専務の勝倉和男の思いは、

協同組合と労働組合の力の結集で、長い道のりを経て二〇年後の今、見事に実を結んでいるのである。

一〇　急増する外国人労働者の人権
――共生時代における労働組合と協同組合の課題

働き方改革の議論のなかで、あらためて正社員といわゆる非正規労働者の均等処遇がクローズアップされている。同時に、増え続ける外国人労働者に対する、権利擁護、均等処遇をはかるための労働組合や協同組合の支援が求められている。ここでは、さしあたっての課題を取り上げてみた。

1　第九〇回メーデーに外国人労働者が初登壇

日本で最初のメーデーは、一九二〇（大正九）年に開催され、二〇一九年で九〇回目を迎えた。

第一回メーデーで、友愛会の鈴木文治が、「私はマルクスの言をもって閉会の辞とする。万国の労働者団結せよ！」と述べたと記録にある。第一回が九九年前だから、継続して開催されていれば一〇〇回目なのに、九〇回と回数が合わないのは、一九三六（昭和一一）年の二・二六事件の年から敗戦まで、メーデーが禁止されていたためである。メーデーが「平和の祭典」と呼ばれるのは、平和でなければ労働組合が存在できない歴史に由来する。

さて、その第九〇回メーデー中央大会に、ミャンマー人技能実習生が登壇、実習制度の生々しい実態を明らかにして支援を訴えた。外国人労働者が登壇して挨拶するのは、日本のメーデー史上初めてのことである。

「日本で学んだ技能・技術の開発途上国への移転を目的」「人づくりに寄与する国際協力」という建前で一九九三年に作られた技能実習制度による外国人労働者は、現在約三二万人に達している。中国、ベトナム、フィリピン、タイ、インドネシア、ミャンマーなど多くがアジアからの実習生だ。外国人技能実習法では、報酬の額は「日本人が従事する場合の報酬の額と同等以上であること」と定められてはいるが、現実には安価な労働力として使われているのが実態である。そのうえ、賃金未払い、残業代不払い、暴力、パワハラ、セクハラなどの違法行為や人権侵害が後を絶たず、労働組合に駆け込むケースが増え続けている。

外国人が日本で就労できる在留資格は、実習制度の他に医師や外国料理の調理師といった専門的・技術的分野、日系人、留学生のアルバイトなど五種類あり、すでに一四六万人が就労している。加えて、政府は、「特定技能」という在留資格を創設、新たに二〇一九年四月から向こう五年間で三四万五〇〇〇人の外国人労働者を受け入れるという。

外国人労働者との共生の時代に、労働組合や協同組合はどのように対応すべきなのだろうか。第九〇回メーデーに外国人労働者が登壇したのを機に、労働運動や協同組合運動のさしあたっての課題を探ってみたいと思う。

2 「外国人労働者総合支援センター」の創設を

五年間で三四万五〇〇〇人の外国人労働者を受け入れようと、二〇一九年四月に創設された「特定技能一号」の対象は、介護・建設・造船・自動車整備・航空・宿泊・外食など一四の産業である。その多くは、ベトナム・フィリピン・中国・ネパールなどからの留学生・実習生だという。働く外国人二〇〇万人時代は、もうそこまで来ているのだ。

労働組合・協同組合陣営は、外国人労働者を真正面から受け入れて、「同一の待遇」「労働組合への組織化」、「生活支援」に乗り出す時なのだ。

労働組合やNGOによる支援活動は、一九九〇年代半ばから行われてきたが、個別相談からの紛争解決が中心だった。しかし、最近では外食や流通、ホテル産業などで労働組合への「組織化」への挑戦が始まっている。集団的労使関係を作り、日常的な団体交渉を通して外国人労働者の権利を守ろうという心強い取り組みである。

とはいえ、まずネックになるのが言語の壁だ。労働組合の結成趣意書を数か国語に翻訳するだけで、かなりの費用が必要だったと聞く。まして、規約や労働協約の翻訳ともなると、母国語に翻訳できる人材を見つけるのは容易ではない。

生協や労働金庫、全労済など協同組合陣営でも、外国人の加入を認めてはいるけれど、申し込みは日本語である。しかも、加入時には「日本語による面談が可能で、契約書類等の内容が理解できる」程度の日本語能力が必要なため、「基本的な日本語を理解できる」という日本語能力試験（N4）レベルの外国人労働者が理解することは不可能に近い。労働組合への組織化や協同組合への加入といっても、母国語での案内が欠かせないのだ。

この際、労働組合・協同組合が協力して、外国人労働者からのさまざまな相談に多言語で対応できる体制——仮に「外国人労働者総合支援センター」とでも呼ぼうか——を早急に作って欲しいと思う。幸い、大学生協にはすでに留学生の多くが加入している。大学院生ともなると日本語能力はハイレベルだ。そうした留学生に協力してもらえば、言語の問題はクリアできるし、彼らも生きた経験を積むことが可能となる。

労働組合、協同組合のリーダーたちの決断と実行を期待している。

二　いくつか感じたこと

これまでの分類に直接当てはまらないけれど、労働組合や協同組合にとって忘れてはならない出来事をいくつか紹介したい。

1　現行憲法に生かされた高野岩三郎の憲法草案要綱――総同盟に流れる立憲主義の精神

日本における労働組合の嚆矢は、一八九七（明治三〇）年に高野房太郎らが作った「労働組合期成会」（一四二頁参照）である。房太郎は同時に、わが国最初の労働者生協である「共働店」を開設した。しかし、悪名高い治安警察法によって四年後に、期成会も共働店もつぶされ、房太郎は中国で客死する。二歳違いの弟高野岩三郎は房太郎の仕送りを受け苦学して東京帝国大学を卒業、大原社会問題研究所の初代所長となった。

岩三郎は、敗戦直後に鈴木安蔵らと憲法研究会を立ち上げ、一九四五（昭和二〇）年一二月二六日「憲法草案要綱」（国会図書館所蔵の原本はネット上で見ることができる）を発表し、内閣やGHQにも届けている。日本国の統治権は日本国民より発し、国政の最高責任者は内閣、天皇は国民の委任により国家的儀礼を司るとしたうえで、国民の権利義務の項目には、法の下の平等・信教の自由・労働の義務・八時間労働の実施・生活保証の権利・男女平等・人種差別禁止等々、およそ現行憲法に盛り込まれている内容が網羅されている。「国民ハ健康ニシテ文化的水準ノ生活ヲ営ム権利ヲ有ス」などは現行憲法第二五条そのものである。

GHQは日本占領の実態を膨大な報告書で残しており、それは『GHQ日本占領史』（全五六冊、日本図書センター、一九九六～二〇〇〇年）として翻訳されている。公職追放、財閥解体、農地改革、教育、労働組合運動など五五の分野ごとの詳細な報告書だ。もちろん「憲法制定」もその一冊で、この憲法草案要綱がGHQの「基本文書を起草した担当者たちにかなり利用された」（七巻憲法制定、四四頁）と記述されている。また、公布された憲法の普及のために作られた「憲法普及会」の会長には総同盟会長で衆議院議長の松岡駒吉が就任した。

明治初期に国民の権利保障を重視した「五日市憲法」を起草した千葉卓三郎、労働組合創始者高野房太郎につながる憲法研究会の人びと、総同盟など日本には立憲主義、人権思想を重んじる滔々と流れる地下水脈があるのだ。

GHQの押し付け憲法だと言いつのり、立憲主義とは真逆の国権を振りかざす政党があるが、こうした日本人の底流にある思想をご存じなのだろうか。憲法の根幹が揺らいでいる今こそ、立ち止まって考えたいと思う。

2　市民に拍手されたストライキ――プロ野球選手会と電産の電源ストライキ

二〇〇四年九月、球界再編をめぐって行われたプロ野球選手会のストライキを覚えておられるだろうか。スト中の球場に集まった市民から選手たちが拍手で迎えられたストライキだ。選手会がスト決議をした直後の七月一四日、松原徹事務局長と顧問弁護士が連合へ相談に訪れた。「争議権は確立しましたか?」「はい、各球団とも三役一任を取り付けています」「それではだめだ、一票投票しないと違法になる」。その場で、スト権投票用紙のひな型を渡したことを覚えている。そして、投票用紙を持って午前中は二軍に午後は一軍選手に、選手会や事務局が奔走してスト権を確立したのであった。古田敦也選手会会長が連合の笹森清会長を訪れ協力を要請した八月一二日、選手会はスト権が確立したことを日本野球機構に通告した。巨人軍オーナーの「たかが選手が。」「ストライキどうぞやったらいい」発言も飛び出し、市民は圧倒的に選手会を支持するようになる。九月一八〜一九日の全球団ストライキを市民は拍手で応援した。一九日、銀座ヤマハホールで選手会が開いた報告集会には、会場に入りきれないほどのファンが集まった。結果、九月二三日、一二球団維持で選手会と日本野球機構が合意、闘争は妥結した。「一票投票しなければ違法だと主張しようと思っていたのに、誰が知恵をつけたのか?」とは当時の球団関係者から最近聞いた話だ。

時代は戦後直後に遡る。いわゆる「電産型賃金」を闘い取った一九四六(昭和二一)年一〇月の電産(日本電気産業労働組合協議会)闘争では、停電ストライキの戦術もとられた。その闘いは「われら電気労働者」という記録映画に残されている。電産幹部だった後の民社党委員長佐々木良作が演説している姿も映っているが、なかに興味深いシーンがある。停電ストで上映中の映画が消え館内が真っ暗になった瞬間、観客から拍手が巻き起こったニュース映像が挿入されているのだ。戦後の物不足とインフレに悩まされていた市民は、迷惑なはずの停電ストライキにも連帯の拍手を送っていたのだった。

古今を問わず人々の心に伝わる労働運動は、ストライキさえも共感を持って受け止められる。二つのストライキから学ぶことは多い。

3 「団結ガンバロー」と「万歳三唱」の起源

労働組合の集会の最後は「団結ガンバロー」で締めくくるのが定番になっている。この作法・動作はいつごろ始まったのだろうか。

労働歌「がんばろう」は、一九六〇(昭和三五)年六月の三井・三池争議の最中に作られた。「がんばろうつきあげる空に、くろがねのこぶし……」ではじまる歌詞を覚えている方は多いだろう。この争議を支援するために全国から集まり、「がんばろう」を歌った二万人の労働組合活動家たちが地元に戻り、ガンバローが急速に普及したのであった。じっさい、翌年八月の総評大会の閉会時に初めて、労働歌（インターナショナル）の合唱に続いてこぶしを空に突き上げる「団結ガンバロー」が叫ばれた。

では、それまでの総評大会はどうだったのだろうか？　一九六〇年八月の閉会は、何と「万歳三唱」をもって終わっていたのだ。一九五八年八月の『総評新聞』にも、「太田議長の音頭で万歳発声に一同唱和三唱」したと記録されているから、戦後しばらくの間、労働組合では万歳が多く使われていたと思われる。

「万歳」は中国では君主の長寿を祝うために昔から使われていたのだが、日本で使われたのは意外と新しい。一八八九（明治二二）年の国会開設時に明治天皇に向かって臣下が唱和したのが始まりだという。戦時下、出征兵士を「万歳」で見送ったのも、国会解散で「万歳」を叫ぶ習慣も、天皇に向かって行うことにつながっている。

その天皇を祝する作法であった万歳が、戦後一転、左派といわれた総評大会で、しかも太田薫議長の発声で行われていたとは驚きだった。

とはいえ、労働組合が分立していた四団体時代でも、中央メーデーだけは統一して行われており、そのメーデー宣言には「メーデー万歳」が記されるのが普通であったから、戦後は左右を問わず万事めでたい時に「万歳」が使われるようになったのではなかろうか。

この他、三本締め、一本締め、エイエイオー、拍手なども使われていたのではないかと推察されるが、戦後の総同盟や産別会議ではどうしていたのであろうか？　ご存知の方があれば教えていただきたいと思う。

4　北海道拓殖銀行破たんと武井正直――バカな大将、敵より怖い

筆者が連合本部に赴任した直後の一九九六年一〇月、戦後初めて銀行が破たんした。和歌山県内の三つの無尽をルーツに持つ阪和銀行だ。当該労組が連合加盟組合だったこともあり、連合和歌山と一緒に組合員の退職金確保や再就職に奔走したことを覚えている。翌年一一月、土地バブル崩壊で行き詰った北海道拓殖銀行が破たんした。拓銀労組は連合加盟ではなかったが、「何かお手伝いできることがあれば」と連絡したところ、何と会社の広報から折り返しの電話があり「取り込んでいますので結構です」。労組の自立性のなさに唖然としたものだった。

その拓銀を救ったのは、無尽から戦後相互銀行を経て銀行転換した第二地方銀行の北洋銀行だった。「土地がこんなに値上がりする実態の伴わない『偽りの経済構造』は異常」とバブルに踊らなかった頭取の武井正直は、バブルが崩壊するまで変わり者扱いされていたという。し

かし結局、堅実経営の道内三番手の北洋銀行が「拓銀さま」と呼ばれていた巨大バンクを吸収することになる。まさに「小が大を飲み込んだ」のであった。

武井は、地価や株価の上昇を当て込んだ「浮利を追う」事業を極端に嫌った。また、旧満州で敗戦を迎え、「リーダーの判断ミスは組織の命運を左右する、もっと怖いのはリーダー自身が『誤り』を認められず、部下たちも誤りを指摘できず、ずるずると傷口を広げてしまう」ことを目の当たりにした。だから社内では口癖のように「バカな大将、敵より怖い」と言い、「法律、人倫にもとる命令は、たとえ上司でも従わなくて結構だ」と言い切った。

二〇〇一年一月、連合北海道の新年交歓会で来賓あいさつに立った北海道経営者協会会長でもあった武井は、「リストラする経営者には、『あなたこそ辞めた方がいい』と言ってやりない」と話し始めた。どうせ経営者のお決まりのあいさつか、と思っていた組合幹部たちは一瞬意表を突かれ、その後拍手と笑いで和やかに盛り上がったという（『バカな大将、敵より怖い――武井正直講演録』北海道新聞社、二〇一三年）。

武井正直は二〇一二年八六歳で亡くなった。アベノミクスの狂騒に浮かれている日本社会の現状を、きっと泉下で嘆いているに違いない。

5　賀川豊彦の「協同組合中心思想七か条」を読み解く

――「民主制の確保」と「そろばん勘定」を両立させるしんどさ

二〇一三年からスタートしたロト7の二一編のCMが面白い、といまだにネット上で評判だ。ロト7に夢中の社員役の妻夫木聡に「お前の夢は金で買えるのか」と部長役の柳葉敏郎がクールに言い放つ。が、隠れたところでロト7を買っている柳葉を妻夫木が見て目を合わせてしまうという短いCMで始まるシリーズだ。「お金はたくさん欲しいが、人前で公言するのははばかられる」という、いつの世も悩ましい、本音と倫理観との間を揺れ動く人間の心理を巧みに描いているからだろう。

「経済なき道徳は戯言であるが道徳なき経済は犯罪である」。江戸時代後期に生きた二宮尊徳の協同組合思想を表した言葉である。マハトマ・ガンジーの墓碑には wealth without work（労働なき富）、commerce without morality（道徳なき商業）は社会的大罪であると記されているという。

近代経済学の祖といわれるケインズは「資本主義は賢明に管理される限り、経済的目的を達成するうえで（最も）効率的なものだが、本質的には幾多の点できわめて好ましくない……（それは）資本主義の本質的特徴が『個人の金儲け本能』および『貨幣愛本能』に依存している（からだ）」と述べている（『自由放任の終焉』原著一九二六年、翻訳、社会思想研究会出版部、一九五三年）。

どこの国の先人たちも、理念・倫理と金儲け本能の間を揺れ動く人間の心を制御することに

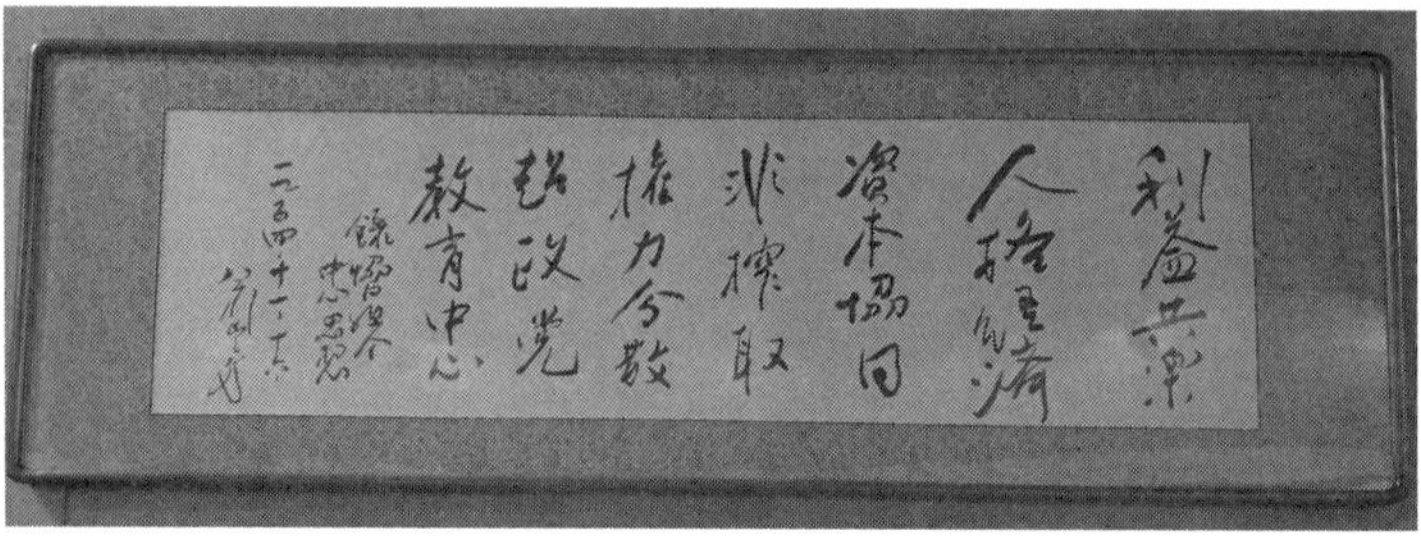

「協同組合中心思想七か条」（賀川豊彦記念 松沢資料館所蔵）

悩んでいたのである。この悩みは、協同組合事業ではことのほか大きい。理念や運動論は、人間の本音の前に常に後退させられる危険性をはらんでいるのだ。

それゆえ、日本の協同組合生みの親である賀川豊彦は、忘れてはならない協同組合の精神を「協同組合中心思想七か条」としてまとめている（一九五四年）。「利益共楽、人格経済、資本協同、非搾取、権力分散、超政党、教育中心」の七つである。生み出した利益はみんなで分かち合う【利益共楽】、投機に走らない、強欲にならない【人格経済】、元手はみんなで持ち寄る【資本協同】、誰も掠め取らない【非搾取】、現場に近いところで物事を決めていく、権力を集中させない、一人一票原則【権力分散】、時の政府や政党におもねることのない自立精神をうたった【超政党】、それらのことを繰り返し伝え学ぶ重要性を説いた【教育中心】だ。

賀川豊彦が七か条を説いたのは、その実践が容易ではないことを知っていたからにほかならない。人間は我欲を抑制する倫理観を持ってはいるが、一方では利益は独り占めにしたい、投機に走ってでも儲けたい、搾取するほうに身を置いたほうが儲かる、権力をわが身に集中したい、時の政権や政党に迎合してでも利益を得たいという我欲も併せ持っている。理念・道徳と本音・本性の間を揺れ動くこのような人間の気持ちを是認し、協同組合経営も常にその危険と隣り合わせにあることを理解しているからこそ、繰り返し学習することを通してしか協同組合を発展させることができないと、しめくくりに「教育中心」を掲げたと思うのだ。

「民主制の確保」と「そろばん勘定」を両立させるしんどさ、それほど協同組合の事業運営には本質的な困難さがつきまとっているのである。

6 協同組織金融（ろうきん）と株式会社（銀行）の違い——「透明で血の通った温かいお金」

全国の労福協や労働組合の研修会で、労働組合が自主的に作ってきた労働金庫の歴史を話す機会がある。そんな場で労働組合役員から、「労金に預けたお金と市中銀行に預けたお金は何がどう違うのか？　お金には色がついていないから同じではないか」と聞かれることがある。

いつも決まって「でも、それが違うのです！」と、協同組織金融（ろうきん）と株式会社（銀行）の違いについて、胸を張って次のように話を続けるのを常にしている。「たとえば私が一〇〇万円を労金に預金したとしましょう。その預けた一〇〇万円は行き先（融資先）がはっきりしているのです。組合員Aさんの住宅ローン、Bさんの教育ローン、Cさんのカーローン、Dさんの生活資金に回っています。融資先がはっきりしていて、すべて組合員に還流されているのです。だから労金に預けたお金は、『透明で血の通った温かいお金』なのですよ」と。いっぽう、「市中の銀行に預けた場合、もちろん大半は有効に使われているのでしょうが、預金者が融資先を指定することは一切できません。その預金が時によっては、カードローンの原資になり、子会社である消費者金融に融資されて、そこから組合員が高利で借りて苦しんでいるかもしれない」。さらに、「協同組織金融（ろうきん）の場合、組合員は会員団体の一員として金庫の運営に直接・間接的に関わることが保証されており、運営方針を決め役員を選出する権限を持っています。株式会社の銀行では、預金者が経営に関わることは、そもそもあり得ないのです」と。

ところが、これで話が終わらないのだ。「なるほど」と頷いてくれたその組合役員がさらに問うてくる。曰く「その透明で血の通った温かいお金を扱う労金に融資を申し込んだら断られてしまったのだけど……」と。もちろん、組合員といえども融資できない、してはいけない人は存在する。しかしこの場合、通常は貸せない多重債務者のことではない。労金が断った案件が、市中銀行で融資を受けられた事例を具体的にズバリ指摘されたのだ。さすがの私も二の句が継げず、答えに窮してしまったことが一再ならずある。

そもそも銀行で融資を受けられないから労働金庫を作ったのではなかったのか。こうした事例に立ち会った労働組合の役員は再び組合員を労働金庫に誘導する気力を失ってしまう。数少ない事例であっても労働金庫にとってのマイナスイメージは取り返しがつかないぐらい甚大である。

支店の担当者は上司の、上司は本部の、本部は日本労信協の……。で、日本労働者信用基金協会（日本労信協）に聞くと、相談してくれればお貸しするのに……。この堂々巡りでは問題の解決はおぼつかない。幸い、労働金庫協会は、「謝絶案件」を無くしていことを方針に掲げ、日本労信協は、すべての働く人のための信用保証機関としての役割を発揮していく決意を謳い、実践してきている。

くだんの労働組合役員は、別段難しい注文をしているわけではない。労働金庫が発足した当時と違って、今や銀行はどこも労働者向け融資やカードローンに躍起になっている。それだけに、労働金庫で謝絶した案件にもかかわらず銀行で融資が受けられるようなことは、あってはならないと言っているだけなのだ。

謝絶案件を無くすために、役職員あげて努力してもらいたいと切に願っている。何しろ、透明で血の通った温かいお金を扱う協同組織金融の「ろうきん」なのだから。

7　「生活協同組合」という呼称はいつから始まったのか

われわれは今日「生活協同組合（生協）」という言葉を当たり前のように使っているが、生活協同組合と呼ばれるようになったのは、実は戦後になってからのことである。戦前は、購買組合もしくは消費組合と呼ばれていたのであった。

一九〇〇（明治三三）年に制定された日本最初の協同組合法である「産業組合法」は、信用・販売・購買・生産の四種の事業を定めている。そのうち、購買事業では、農民や中小商工業者の営業用の原料、機械などの共同購入に加えて、消費者の生計に必要な日用生活品の取り扱いも認めることになった。そのため、今日でいう生協は一般的に「購買組合」と呼ばれるようになった。いっぽう、日本の社会主義運動の先駆者といわれる安部磯雄や平民新聞の石川三四郎は日露戦争前後から、困窮する労働者に対して、「消費組合」の運動を提唱する。一九〇四年に石川が書いた『消費組合（一名購買組合）之話』（平民社）では、「消費組合は労働者小作人団結の第一手段也」「団結は独立自由を得るの第一歩也」「故に消費組合は独立自由の福音也」と、ヨーロッパの協同組合の紹介をしている。もちろん、石川は、明治時代初頭に共益社、共立商会、共立商店などの名称でいわゆる市民生協が設立されたこと、「共働社」という労働組合の生協も一九〇一年にできたものの、貸し売り・借り買いをしたり、帳簿整理や会計検査が不十分で、短期間に消滅した事情なども十分承知していた。それでもなお、労働者や小作人にとっていわゆる生協が福音であると推奨しているのである。安部、石川らが用いた用語は「消費組合」であった。

ところが、戦後になると、購買組合・消費組合という言葉に代わって、「生活協同組合」という用語が使われるようになった。一九四七（昭和二二）年、日本協同組合同盟（日協同盟）が生活協同組合法案を策定するのだが、それに直接関わった山本秋（おさむ）がその間の事情を述べている（『日本生活協同組合運動史』日本評論社、一九八二年）。それによると、山本が戦前、消費組合運動をしている最中、「消費ばかりしていたらつぶれてしまうじゃないの」という主婦の声を覚えていて、消費組合に代わる「生活」協同組合という名称を提案したというのだ。戦争中厚生省に在籍していた山本は、「生活組合」案を起草していたというから、かなり早い段階から「生活」という言葉を想起していたと思われる。労働力を再生産するうえで必要な安全で正直な日常生活物資だけを扱い、ぜいたく品は扱わないというだけでなく、購買事業にとどまらない労働者の生活全般にかかわる助け合い事業をめざすという意味を込めて「生活」と名付けたようだ。

しかし、生協法案策定よりも早い戦後直後の一九四五年秋に杉並区で誕生した久我山生協は最初から「生活協同組合」と名乗っていたというし、一二月一六日には「東京西部生活協同組合連合会」が結成されている。じっさい、その年の年末に封切られた東宝映画「東京五人男」にも「桜丘生活協同組合」なる看板が映し出されている。エンタツ・アチャコらが出演して、戦後の官僚的な配給所、悪徳業者の横流しなどをコメディタッチで風刺しながら、最後にその配給所を民主的な生活協同組合に変えていくというストーリーだ。だから、生活協同組合という用語が敗戦とほぼ同時期に使われていたことは事実である。

また、関西大学の杉本貴志教授によると、太平洋戦争勃発の前年、一九四〇年九月に全国消費組合協会が、「隣組を母体として基本的生活協同組合結成を指導する」と国家の物資配給を円滑に行うため、消費組合を生活協同組合に再編するという方針を決め、ここで「生活協同組合」という用語が使われているという。

山本の発案が、これらと関係があったかどうかは不明である。このように、生活協同組合（生協）という用語が戦後になってから一般的に使われ出したのは間違いないのだが、そのいきさつは、これまでの研究でもなお真相はよく分からない。

8 こくみん共済ｃｏｏｐ《全労済》の「自賠責共済」参入までの道のり

国内で走っている八二〇〇万台を超える自動車の所有者には、自動車損害賠償保障法で、自動車損害賠償責任保険（共済）の加入が義務づけられている。自動車事故被害者に対する救済のための強制的な基礎保障制度だ。その自賠責保険（共済）を取り扱えるのは損害保険会社と全国共済農業協同組合（全共連：現在の呼称はＪＡ共済連）に限られていたのだが、全労済も一九九五年一二月の法律改正でようやく自賠責共済の取扱いが認められるようになった。本稿では、自賠責獲得までの全労済の取組みを追ってみることにする。自賠責共済の加入者が思うように増えない現状を打破してもらいたいという願いを込めて。

一九八〇年に任意の自動車共済（マイカー共済）事業をスタートさせた全労済にとって、その利用拡大に不可欠な自賠責への参入は悲願だった。それには法律改正が必要だったのである。そのため「全労済自賠責推進協議会」を発足させ、一九九二年二月の中央労福協第四四回総会で「自賠責への参入を求める決議」を行い、労働界もあげて監督官庁や損害保険協会にアプローチを始めた。

しかし、所管の運輸省や大蔵省の反応はきわめて冷淡だった。その理由は、「掛金（保険料）の流れが保険会社から全労済に代わるだけで、消費者のメリットがない。農協の場合は、農村部への自賠責普及（とくに原付自転車）という大義名分があったが全労済にはそれがない」というものだった。さらに、自賠責を取り扱うには、「事業基盤および事業量」「事務処理機構の整備」「損害調査・査定機構と技術力の充実」が必要で、全労済にはそれが整っていないと見ていたのである。それに対して全労済は、「組合員は勤労者である消費者であり、身近な職場を通じて加入することができれば、任意の自動車共済と相まって直接的なメリットがある」「自動車共済の経験と実績のなかで、現在では損保会社に比肩しうる体制ができている」と主張したのであった。損害保険協会も当局と同様の見解で、絶対反対の意向であった。同じ協同組合である全共連も内心は反対だったという。

じっさいのところは、当時損保、農協に次ぐ事業規模になっていた全労済自動車共済の参入による競合を恐れたためだったのだが。

転機は、一九九三年八月九日、細川護熙を首相とする八党派連立政権の発足だった。全労済の自賠責共済参入問題が大きく動き出すことになる。細川内閣の閣僚の多くは労働組合と深い関係があり、全労済は一二月六日に大内啓吾厚生大臣、翌七日に伊藤茂運輸大臣、さらに八日には中央労福協会長の山田精吾（連合事務局長）名で細川総理宛に要請書を出すなど、矢継早に動き出したのであった。一九九四年六月三〇日、村山富市社会党委員長を首班とする自社さ連立政権の誕生で、さらに加速する。

難関は自民党対策だった。参入反対の損保協会や農協が支持基盤の自民党へのアプローチは、日本再共済生活協同組合連合会理事長で「全労済自賠責推進協議会」議長の武藤久が当たった。元国鉄労働組合委員長で与野党に太いパイプを持つ武藤は、自民党との折衝に適任だった。だが、自民党に絶大な影響力を持つ竹下登元総理は、当初は「共済ごと損保会社に身売りせんか」と素っ呆けた対応だったという。しかし、最終的には竹下も加藤紘一自民党政調会長も協力を約束してくれた。

いっぽう、全共連対応は全労済の勝倉和男専務が担った。勝倉と笠松全共連専務とは懇意だったこともあり、「全共連の会議の正式議題にしたら反対となるが、議題にはしない」と好意的な態度をとってくれたばかりか、自民党の農林族議員にも働きかけてくれた。「自民党の了解が得られたのは、全共連と農林族の後押しがあったからだった」と勝倉は後に語っている。

こうして、紆余曲折を経て一九九五年一二月、自賠責法改正案が成立、やっと全労済の参入が認められたのであった。

翌年四月二六日、衆参七十余名の国会議員も参加した「自賠責法案成立感謝の集い」で加藤は、「自民党は全労済に物心両面でお世話になったこともない。これを機会にそういう関係を期待する」と皮肉を込めた挨拶をして会場を沸かせたという（『己を知らず敵も知らず　国鉄労働組合運動―風雪の記録』武藤久、二〇〇五年）。

初年度は二〇万五〇〇〇台、五年で五六万台程度と、低めに目標を掲げた自賠責共済は一九九七年四月から取り扱いを始めたが、発足して二三年、実績はその当初目標にも届いていない。

自賠責獲得までの長い道のりをふり返り、あらためて労働組合と連携して自賠責共済の拡大に取り組んで欲しいと願っている。

第II部

労働者自主福祉の形成と展開

一　江戸時代から明治初期の共助(協同組合)のしくみ
――ヨーロッパとは異なる道筋をたどった日本の協同組合

世界の協同組合は、一八四四年イギリスのロッチデール先駆者協同組合に始まるといわれている。しかし、ロッチデール先駆者協同組合がある日突然誕生したわけではない。イギリスではそれ以前から人々が共同で助けあう地域におけるさまざまな相互扶助の実践や挫折があり、それらを土台にして協同組合が発展してきたのであった。

日本でも、明治初頭にロッチデール先駆者協同組合が紹介されるはるか前から、今日でいう信用組合や共済、農協的な相互扶助の営みがあった。そこでまず、ヨーロッパの協同組合思想の影響を受けずに独自の道筋をたどった日本の共助(協同組合)のしくみを概観しておこう。次いで、日本にヨーロッパの協同組合思想が紹介された明治初期の協同組合を紹介する。

1　江戸時代

（1）石見銀山の友子制度――共済制度の源流

二〇〇七年七月にユネスコの世界文化遺産に登録された島根県大田市にある石見銀山での銀の採掘は戦国時代にさかのぼる。最盛期には堀子と呼ばれる鉱夫たちを含め二〇万人もの人びとが生活していた様子が、石見銀山世界遺産センターに展示されている。

鉱石を採掘し、銀を取り出し精錬する一連の労働に従事する労働者は、相互扶助のしくみである「友子制度」を作り上げた。事故や病気で働けなくなった労働者に対して米・味噌・薬を、またその子どもには養育米を支給するなどといった制度である。こうした相互扶助の友子制度は江戸、明治期を通じて全国の鉱山・炭鉱でも採用されており、炭鉱のなかには一九七〇年代まで続いていたことがいくつかの研究や記録映画で残されている。共済制度、協同組合の源流であるといっていいだろう。

（2）二宮尊徳の報徳五常講――信用金庫・労働金庫の源流

一九六〇〜七〇年代頃まで、全国の多くの小学校の校庭には薪を背負い歩きながら本を読む二宮金次郎の像があったので、覚えている方がいるだろう。江戸時代末期、疲弊する農村を立て直すことに尽力した二宮尊徳（一七八七〜一八五六年）の幼年期の像である。ここでは、農村復興のために、地域内にお金を循環させる「報徳五常講」といわれた彼の独特の講（信用事業）を取り上げようと思う。私が労働金庫のルーツだと思っているからだ。

「報徳五常講」は、利息を取らない信用事業と紹介されることが多い。利息なしの信用事業などあり得ないと思われるだろうが、そのしくみはこうである。たとえば一〇〇万円借りて五年で均等返済するとしよう。江戸時代の一般的な金利は年利二〇％程度といわれているから、毎年二〇万円ずつ返済しても、元本はいつまでたっても減らない。しかし五常講では利息を取らないので、毎年二〇万円ずつ返済すると五年で借金返済が完了する。ところがこれには続きがある。毎年二〇万円ずつ返済しながら生活基盤を確立することができたのは、一〇〇万円を用立ててくれた周囲の方々のおかげなのだから、周りの人の徳に報いる意味で、お礼にもう一年二〇万円出しなさい、と。これを報徳冥加金または元恕（がんじょ）金という。結局六年間に一二〇万円返済した勘定になるので、年利六・二％、現在のろうきんマイプランの利率にほぼ相当することになる。立派に事業が成立する、うまいしくみである。

（3）大原幽学の先祖株組合――農協の源流

大原幽学（一七九七〜一八五八年）は今では千葉県を代表する偉人の一人といわれているが、長谷部村（千葉県旭市）で世界最初の農業協同組合ともいわれる「先祖株組合」を結成したのは四二歳の時であった。

先祖株組合とは、各農家が先祖から受け継いだ農地のうち五両に相当する耕地を出資し、そこから生まれる利益を無期限に積み立てる制度である。運営については合議で選ばれた世話人が行い、万一破産するものが出た時はそれまで積み立てた分の半分を与えて家名相続させるという内容であった。また、幽学は荒廃した農地を整理し、農業技術を指導したほか、今日の生活協同組合にあたる共同購入活動や村民教育なども行い、村は領主から表彰されるほどの復興を遂げたという。

共同購入した品物は、農具・肥料・種子など農業に必要なものだけでなく、下駄・茶碗・手拭・櫛・鏡などの生活用品から薬にまで及んでいる。つまり、農業用具や日用品の共同一括購入で農家の生活向上を図ったのであった。こうした諸活動は現在の農業協同組合のそれと共通しており、それゆえ「先祖株組合」は農協の源流だといわれているのである。

しかし、農民が村を超えて活動したこと、普及のための大規模な教導所を建設したことなどから幕府の嫌疑を受け、失意のうちに自害により六二歳の生涯を閉じなければならなかった。

その事績は、旭市にある「大原幽学記念館」で見ることができる。

2　明治初期から明治二〇年代の協同組合（日清戦争以前）
――法律がなくてもあった相互扶助のしくみ：下からの自主的組織

明治維新以降、ようやく日本でもヨーロッパの協同組合のことを扱ったいくつかの書物が翻訳されるようになる。とくに一八七八（明治一一）年、馬場武義がヨーロッパの協同組合を紹介した「共立商店創立の儀」という記事を「郵便報知新聞」に掲載したことから、各地で自主的な協同組合がつくられていく。まずは、法律がなくても相互扶助のしくみがあった事例を紹介しよう。

（1）共立商店の誕生――生協の源流

馬場武義がヨーロッパの協同組合として紹介したcooperative storeは共立商店と訳された。西南戦争後、物価は高騰し庶民の生活は苦しくなった。明治維新は一君万民のもと、国民は皆平等であるはずであったにもかかわらず、薩長藩閥専制政治が続く。こうして、政府に対する不満は自由民権運動を起していくのだが、とくに米価が高騰した（明治一三年の米価は明治一〇年の三・五倍に上昇）時代背景も手伝って生活防衛のために、各地に共同購入のいわゆる生協が誕生することになった。

江戸幕府の要職も務め、一八七四（明治七）年に「朝野新聞」を創刊した成島柳北は七九年、東京浅草橋で「共済会」を立ち上げた。また、同年東京で共立商社、同益社が、大阪に大阪共立商店が設立された。翌八〇年には神戸商議社共立商店が誕生している。「英国協力商店の方法を参酌」して設立された大阪共立商店の約束によると、①出資金は一人一五円、二〇〇人で総額三〇〇〇円の資本で始め、徐々に同志者の増加をはかる、②米・薪・炭の三品から取り扱いをはじめ、順次日用雑貨を扱う、③役員任期は一年、総会に於いて投票で選挙する、④利益の分配は、三分の一を積金とし、三分の一を物品買取高に応じて配分し、三分の一を出資に配当する、⑤五年でいったん解散するとしており、協同組合原則にかなった内容となっている。

もっとも当時は、協同組合や生協という言葉は使われておらず、共立商社・商店・共益社と称していた。しかし、これらの結社は知識人、官吏、商業者など当時の上層階級、いわばエリートによって作られ運営されたものであり、庶民とは無縁の存在であった。それでも、運営原則からみて生協の源流と呼んで差し支えないだろう。

しかし、鹿鳴館が開館した明治一六年以降の米価が明治一〇年の水準に戻ると、物価高騰から共同で安価な物品を調達し生活防衛をはかろうとしたこれらの生協群はその存在理由を失い、自然消滅してしまった。

（2）保険と共済の萌芽

ヨーロッパの保険制度を日本に紹介したのは福沢諭吉である。一八六七（慶応三）年に発刊した『西洋事情（附録）』の「災難請け合いのことインシュアランス」の項で、insuranceを「災難請け合い」と訳し、火災・海上・生命の三種類の請合があるとしている。

「保険」という言葉が使われたのは、一八六九（明治二）年、山東一郎編『新塾月誌』第二号で、「インシュレンスを支那語に訳して保険または担保と称する」と説明している。インシュレンスにはフハヤ・ライフ・マリンの三種があり、「宅担保・命担保・船担保、或は火災保険、海上保険と名づく」と。ところが、その時点では「生命保険」という呼称だけが用いられていない。単に忘れただけなのか他の理由があるのかは分からない。

海難事故による積み荷の損害を負担し合うしくみは日本でも古くから存在したが、海上保険会社が設立されたのは一八七九年、岩崎弥太郎が興した東京海上保険会社が最初である。また、火災保険は一八八七年の東京火災保険会社が初めてである。

では、生命保険はいつ生まれたのであろうか。

（3）共済五百名社の誕生——生命保険の源流

一八八〇（明治一三）年一月、後に安田銀行や前述の東京火災保険会社をはじめ多くの企業を育て、一九二一（大正一〇）年右翼に刺殺された安田善次郎が、成島柳北らとともに「共済五百名社」を設立した。社員を五〇〇名に限定し、一人二円を徴収、社員が死亡した場合遺族に一〇〇〇円支払う。その都度二円を徴収するというしくみである。それとは別に、社員になるときに六円徴収し、三〇〇〇円の運用益で事務費を賄ったのである。そのため、このしくみは「賦課式」の生命保険と呼ばれる。いわば香典の制度化といえなくもない。

当時の二円は現在の価格に換算すると二万円程度と推定され、社員が亡くなるごとに二円を拠出するわけで、庶民に手の届く内容ではなかった。実際社員になれたのは実業家、言論界、官僚など上層階級に属する人たちであった。一八八一年には生命表をもとに保険数理を用いた日本初の生命保険会社、「明治生命保険会社」が設立されている。その共済五百名社も九四年に「共済生命保険」（一九二九年に安田生命保険）と保険会社になった。現在の明治安田生命保険会社である。

ではなぜ当時、安田善次郎が賦課式の共済五百名社を設立したのだろうか、保険数理が難しいのでまずは賦課式で始めたようだが、その真相はよく分からない。あるいは、人の命を保険という商売の種にすることにためらいがあったのかも知れない。ともあれ、ここでは生命「保険」よりも以前に「共済」が誕生している事実から、共助を体現するしくみそのものである「共済」こそが、保険に勝る王道であることだけを指摘しておこう。

（4）廃案になった信用組合法案――品川弥二郎と平田東助

日本で議会が開設されたのは一八九〇年（明治二三）一一月であるが、翌年の第二回帝国議会に内務大臣品川弥二郎と法制局部長平田東助らの発議で、早くも「信用組合法案」が提案されている。しかし、この時点では廃案になり、実際に法律ができたのは九年後の一九〇〇年であった。日本最初の協同組合法である「産業組合法」である。廃案になったこの信用組合法案はドイツのそれを模したといわれているが、二宮尊徳の「報徳五常講」も参考にされたようだ。現に平田東助が二宮尊徳の弟子である箱根湯本福住旅館の当主福住正兄を訪問し、報徳五常講の思想について教えを乞うたことが記録に残されている。一八九一年には平田東助らの手で『信用組合論』（楽善堂）が出版され、翌年には日本で最初の掛川信用組合（現在の掛川信用金庫）が、これまた二宮尊徳の弟子岡田良一郎によって設立されている。これをきっかけに全国に信用組合を設立する運動が広がり、一九〇〇年の産業組合法制定までに全国で一四四もの信用組合が誕生している。法律ができる前から広範な人々の信用事業の営みがあったのである。

二　産業組合法制定以降の協同組合
――日本最初の協同組合法

1　お上が作った協同組合法

日本に協同組合法が制定されたのは一九〇〇（明治三三）年の「産業組合法」であると述べた。日清戦争後の不況で、人口の八割を占める小農・小商人・職工の疲弊がはなはだしく、社会の不安定化をおそれた明治政府が農民や職人の生活向上をはかるツールとして政府主導で制定されたのであった。

そもそも協同組合は組合員が自発的・自主的に作り上げるものであり、ヨーロッパはもちろん、日本でも報徳五常講・先祖株組合・共立商店・共済五百名社・信用組合にせよ、庶民が自立していわば下から作ってきたものだった。そのため、産業組合法は「官製」協同組合法といわれている。

2 産業組合法の特徴

（1）信用組合・販売組合・購買組合・生産（利用）組合

産業組合法は、ドイツの協同組合法を参考にして、四つの協同組合を合わせて作られた。一つは農民からの預金受け入れと必要な資金の融資を行う「信用」事業。二つ目は米をはじめとする農産物を組合員が共同で有利に「販売」する事業である。当時の米の売買は市場にゆだねられており、米価は天候不順や景気の動向に左右されていたため、共同で廉売を防ぐためでもあった。三つ目は肥料や家庭の生活物資を共同で調達する「購買」事業。四つ目は、農産物を共同で生産し、水車小屋や農機具などを共同で設置・利用する「生産（利用）」事業であった。

地租改正で貨幣経済が農村にまで及ぶようになったとはいえ、人口の八割が小農・小商人・職工であった明治時代。とくに、日清戦争後の恐慌が深刻化したため、中産以下の国民の困窮による社会不安を抑え、地方経済の維持・充実をはかるためには、たとえ官僚主導による協同組合法であっても、その制定が急がれたのである。

（2）協同組合がなぜ認可制になったのか

産業組合法はドイツの協同組合法を参考にして作られたと述べた。ドイツの協同組合法は当時も今も「届出主義」であるが、移入した産業組合法は当初から国が認可・監督・解散権を持つ「認可主義」である。それゆえ、「官製協同組合」といわれるのである。ではなぜ日本の協同組合が認可制になったのだろうか。

産業組合法制定時の帝国議会における審議のなかで「社会主義を蒔くのか？」という質問に対して、政府は「いや、そうならないために作るのだ」と答弁していることが議事録にある。当時、貧富の差が拡大し続ける無制約な自由競争の経済下、政治家や知識人の間からもその競争社会を抑制しようとする「社会主義」政策の主張が巻き起こっていた時期である。大隈重信・新渡戸稲造・安部磯雄・徳富蘆花たちも賛同している。もっとも、一九一七（大正六）年のロシア革命以降の社会主義とは異なり、「今日の競争制度を廃して社会を共力主義の上に再建せんとするの主義」で「社会の改良にして革命にあらず」というのが当時の社会主義政策であった。それでも、社会主義政策の中味は、生産器械の共有、生産管理人の公選、労働に応じた分配など、当時としてはラジカルなものであったし、自立した協同組合の原則そのものであった。こうした時代背景から、明治政府は自立した農民・市民の自主性・自治を常にチェックし、いつでも解散させる権限を手にする「認可主義」を採用したのであった。

産業組合法制定と同じ年に、労働組合を規制する「治安警察法」も制定され、自主的な庶民を監視、抑圧するもう一つの装置も用意された。悪名高い治安警察法第一七条で「他人に対し暴行脅迫、誘惑もしくは煽動」する行為は重禁錮刑（現在の懲役刑）とされた。団体交渉は経営者を脅迫する行為、組合加入を呼びかけることは誘惑、煽動行為とされ、罪に問われたのである。第二次世界大戦での敗北で、治安警察法（後の暴力行為等処罰に関する法律や治安維持法）などの直接的な労働組合や生協に対する抑圧・弾圧策はなくなったが、協同組合の認可主義だけは今日なお引き継がれている。

(3) 営業税・所得税の免税と員外規制

産業組合法では、営業税・所得税が免除された。当初は一般の企業同様、課税されることになっていた。ところが、法案審議の過程で、「産業組合に所得税を課すということは、一般公衆に対しても営業をなすと見做してあるようで、組合員の範囲内で事業を行うということの立法の趣旨にもとる」という意見が出された。そして、「産業組合に於いては政府が保護する点は甚だ少ないから……所得税・営業税を免除する位の保護を与えて然るべき」と、法案は修正されたのであった。つまり、免税措置は、組合員以外に対する事業の禁止＝員外規制の代償として取られたものであった。その後、産業組合の反対にもかかわらず免税から優遇税制に変更されたが、「員外規制」と「優遇税制」はワンセットで今日の協同組合法制に引き継がれている。

(4) 協同組合の県域規制の起こり

現在の各種協同組合法には、近年若干緩められたとはいえ「県域規制」がある。これまた法案審議の中で「相互の信用が能く密着して居る所の利便を計るというのが目的で、なるべく一市町村以上に亘らせぬ方針」などの議論を経て、作られた原則である。現在につながる県域規制のルーツはここにある。

こうして、産業組合法は制定され、全国各地で農村を中心に組合が設立されていく。五年後の一九〇五（明治三八）年には全国組織の「産業組合中央会」が創設され、さらに発展することになった。産業組合法は第二次大戦後、おおむね農業協同組合法に引き継がれたといっていい。

三　労働組合・労働者自主福祉運動の誕生と弾圧
――明治時代

1　日本における雇用労働者の誕生

明治政府は、一八七九（明治一二）年、東京と大阪に陸軍砲兵工廠を、横須賀、呉、佐世保、舞鶴に海軍工廠を作り富国強兵策を推し進めた。釜石鉱山製鉄所や日清戦争の賠償金で建設された八幡製鉄所が操業を始めたのも明治時代中期である。日本では、日清戦争を機に産業資本が確立し、同時に労働者階級が形成されることになった。明治政府の富国強兵策が雇用労働者を生んだことになる。日清戦争、日露戦争の影響で雇用労働者は増大していくのだが、いっぽうで雇用労働者の間には処遇をめぐって強い不満が起きてくる。やがてそれは、労働組合の結成につながっていく。

2 労働組合期成会と共働店――高野房太郎と片山潜

日本最初の労働組合というべき労働組合期成会は、一八九七（明治三〇）年、高野房太郎・片山潜らによって創設された。言論・出版・集会・結社の自由は明治憲法でも一応認められてはいた（第二九条）ものの、団体交渉やストライキは取締りの対象になっていたので、「将来必ず成し遂げる＝期成」という意味を込めた名称であった。期成会は、疾病、死亡、火災、救助資金などの相互扶助と共同営業会社（協同組合）を作るという労働者の実利を求めた方針を掲げており、じっさい、同年結成された鐵工組合は、翌九八年、相互扶助のための「共働店」を設立している。共働店は、生み出した利益のうち一割を準備積立て、出資配当三割、事業積立て二分五厘、残額は物品購入代価に応じて割り戻すというヨーロッパの協同組合と同様の約束事を決めている。そのため、共働店は労働者の作った生協の源流とも言われ、急速に普及した。しかし、事務担当に適任者がいなかったこと、代金未払い者が発生したこと、また前述の治安警察法による弾圧も加わり、短期間で消滅してしまった。

四　大正デモクラシー下の労働運動と労働者自主福祉運動

1　友愛会の設立

一九一二(大正元)年、鈴木文治らは友愛会を創設する。「英国にフレンドリー・ソサイティーというものがあるが、訳せば友愛会になる。共済親睦等を目的とする団体であることを標榜して着々と組合建設の方向へ進んだことは頗る賢明な方法であった。日本の労働者も今日正しく隠忍して力を養うべきときである」と、将来の労働組合建設に向け今は我慢して協同組合として力をつけようと述べている。これも、治安警察法によって労働運動が事実上禁止されていたからであり、表看板は組合員の相互扶助（協同組合）活動を掲げたのは、労働組合期成会と同様であった。

2　労働運動の発展と大正デモクラシー

しかし、第一次大戦一九一四〜一八（大正三〜七）年時の好況とその後の大不況が、庶民の生活を直撃する。一八年には米価の暴騰に庶民の怒りが各地で爆発、いわゆる米騒動が起きている。また、工場閉鎖・解雇・失業という労働事情を反映して、労働争議が頻発する。とくに、パリ講和条約でＩＬＯが設立され結社の自由が認められたことやロシア革命の影響もあり、続々と労働組合が結成されていく。労働組合の結成と団結権・ストライキ権の保障だけでなく普通選挙、婦人参政権、部落解放、大学の自治権を求める声が日増しに大きくなっていったのである。大正デモクラシーと呼ばれる時代である。

そして、一九一八年、友愛会も大日本労働総同盟友愛会（総同盟）と改称し、本格的な労働運動を指導するようになった。

3　労働者生協運動の勃興

同時に、労働組合を中心にした労働者生協も続々と誕生する。友愛会は、一九一九（大正八）

年の月島購買組合や野田購買利用組合（一九二四年）など各地で三〇の労働者生協を作っている。友愛会から離れた平澤計七や岡本利吉らによって共働社という労働者生協も二〇年一〇月に設立され、その影響下で多数の労働者生協（消費組合）が作られた。また、大阪では購買組合共益社が西尾末広らの手で二〇年一一月に創設され、神戸では二一年四月に購買利用組合神戸消費組合（現在のコープこうべ）が賀川豊彦らによって作られている。名称はさまざまだが、いずれも労働者・労働組合の生協である。このように、労働運動と生協運動のルーツは一つなのであった。

これに対して、官庁や大手企業では企業内福祉として温情的な「付属購買部」を作り労働者生協に対抗した。そのため、労働者生協は官庁や大手企業に根を張ることができなかった。

また、生活節約的ないわゆる市民生協が各地で、さらに大学でも同志社、慶応、東京農大、一橋などで学生購買組合が相次いで設立されていたことも付記しておこう。

なお、今では当たり前のように使われている生活協同組合（生協）という名称は戦後使われるようになった（一二〇頁参照）もので、戦前は購買組合、消費組合と呼ばれていたのであった。

五　労働運動・労働者生協に対する弾圧そして解散
——大正末期から昭和初期、敗戦まで

1　労働争議を支援した労働者生協——労働組合の兵站として

労働組合が中心になって作った労働者生協のさきがけの一つが、賀川豊彦の指導で作られた「購買利用組合神戸消費組合」であることは先に述べた。この時期、第一次大戦後の恐慌による労働不安から労働争議が頻発するようになった。三万人の労働者が参加した戦前最大の労働争議は、一九二一（大正一〇）年六月その神戸で発生した。川崎・三菱造船所の大争議である。友愛会幹部の賀川も先頭に立って闘うが八月に敗北し、神戸消費組合の組合員であった労働組合幹部が解雇され多くが神戸を去った。その結果、生協組合員に占める労働者の割合が激減、一万円以上の欠損金を出してしまった。賀川豊彦がその欠損金を引き受けた神戸消費組合は、その後労働組合員以外の市民が多数の協同組合、いわゆる市民生協となった。

労働組合に対する弾圧は苛烈であったが、労働組合を基盤とする労働者生協も経営者や政府

から抑圧されてきた。それは、労働者生協が労働争議の際、労働組合の兵站を担い、長期の争議を支えたためであった。一九二一年三月の日本鋳鋼所争議では、設立したばかりの共働社が支援を惜しまなかったし、千葉県野田市の野田購買利用組合は、二六（昭和二）年九月から八か月に及ぶ総同盟関東醸造労働組合（現キッコーマン）の大争議を支えた。経営者や右翼からのさまざまな妨害にもかかわらず、米・味噌・醤油・砂糖・茶・炭・うどん・薬などの生活必需品を配給し続けたが、争議敗北の打撃で消滅したのである。古来より戦（いくさ）の常道は「兵糧攻め」にあるといわれる。長期の争議を闘う労働組合が兵糧攻めで敗北する姿を想像すればいい。

2　労働組合と労働者生協の解散

一九三六（昭和一一）年の二・二六事件を機にメーデーが禁止されたが、翌三七年七月の盧溝橋事件をきっかけに日本と中国が全面戦争に入って以降、労働組合や労働者生協に対する弾圧が一層激しさを増していく。そして三八年、労働者生協は戦時体制下ついに自ら解体決議を行い、解散に追い込まれてしまう。また、四〇年四月、解散命令で東京学生生協が解散させられるにいたった。市民生協は弾圧を免れたが、それとて戦後まで存続した生協は神戸消費組合（現在のコープこうべ）、灘購買組合、購買組合福島消費組合など数えるほどしかなかった。

労働組合総同盟も一九四〇年七月、自ら解散を余儀なくされ、ここに労働組合と労働者生協は消滅してしまったのである。

治安警察法や治安維持法などで団結する自由すら認められていないなかでは、労働組合や労働者生協が発達する余地が少なかったのであるが、そもそも労働者が自主的に経営・運営する労働者生協は、権力者にとって邪魔な存在だったのである。

（参考文献）
山崎勉治『日本消費組合運動史』日本評論社、一九三二年。奥谷松治『日本消費組合史』高陽書院、一九三五年。
山本秋『日本生活協同組合運動史』日本評論社、一九八二年。

六　戦後の労働運動、生協、中央労福協と労働金庫・全労済の関係性
――その生い立ち

1　憲法より早く制定された労働組合法

日本の占領を開始したＧＨＱ（連合国軍最高司令官総司令部）は、一か月後の一九四五（昭和二〇）

年一〇月に民主化五大政策を発表する。治安維持法廃止、財閥解体、婦人参政権付与、教育の民主化と並んで労働組合結成が奨励され、早くも二か月後の一二月二二日に、その基本法である労働組合法が憲法や労働基準法に先んじて制定されている。

軍国主義を一掃し、日本を民主的な国家に変えていくために不可欠な施策が言論の自由であり、労働組合の合法化であったのである。

2 総同盟と産別会議の成立

敗戦直後の一九四五（昭和二〇）年九月中旬、戦前の日本労働総同盟で会長だった松岡駒吉を、合法左派の日本労働組合全国評議会（全評）のリーダーだった高野実が訪れた。ことあるごとに対立していた戦前のいきさつをこえて、①労働条件改善と日本経済再建の主導者としての任務、②産業別労働組合を主軸に民主的中央集権に則る同盟体、③組合員の政党加入の自由、の三原則に基づいた「統一労働同盟」を作ろうという提案であった。こうして、早くも一〇月には日本労働組合総同盟（総同盟）結成の準備が始まった。

いっぽう、共産党の指導による全日本産業別労働組合会議（産別会議）結成の動きも始まり、全体として二つの流れの組織が誕生することになる。一九四六年八月に、総同盟と産別会議の相次いでの結成である。

こうして、ＧＨＱの後押しも手伝って、労働組合は雨後の竹の子のように結成されてきた。一九四五年一二月には三八万人、翌四六年六月には三七二万人、四七年五六九万人、四九年には何と組織率五五・八％の六六六万人にまで急増している。

3　いち早く活動を始めた生活協同組合

戦前、解散を余儀なくされていた生協陣営も敗戦直後の一九四五（昭和二〇）年一一月には日本協同組合同盟（日協）を結成し、「労働者・農漁民による自主的金融機関の設立と高度なる協同的社会保険の確立」を決議している。協同組合による信用事業および保険事業の志向である。そしてＧＨＱとも相談のうえ、四七年春までに、日協は「生活協同組合法案」を作り終えていた。内容は、「組合員の自由な意志と協同の精神により協同組合を設立することができる」とし、金融事業、保険共済事業も包含するものであった。しかし、その年の秋に、それまで尽力してくれていたＧＨＱ民政局の担当官（ニューディール派のスタッフ）が解任され、後ろ盾を失ったこともあり、結局翌年七月に制定された法律では、行政の規制を制限しようとした生協陣営の意向に反して認可が必要とされ、名称も「消費生活協同組合法」と戦前の「消費組合」の名残である「消費」が頭に加えられ、信用事業と生活協同組合中央金庫法の条項が削除されたのである。信用事業が認められなかったこともあり、後に生協陣営が労働金庫設立に協力していくことになる。

4 「福祉はひとつ」で始まった労働者福祉中央協議会の歴史

――生活物資を共同調達するために作られた「中央労福協」

このように労働組合や生協が相次いで結成されていたものの、日本社会は敗戦直後の凶作も加わり食糧事情がひっ迫したうえ、物価が高騰する超インフレ下に置かれたのであった。あらゆる生活物資の欠乏の前に、とりわけ労働者の生活は窮乏を極めていたのである。そのため、労働組合と生活協同組合が共同して、各地で企業における隠匿物資の摘発や適正な配給、生活必需品の民主的管理、作業衣服の確保、木炭の払い下げなどを要求する切実な運動を行っていた。こうした状況のなかから、生活物資の確保を目指した運動を全国的に結集して共同行動の機関を作ろうという機運が高まり、当時すでに政治的イデオロギーによって分裂・分立していた労働組合（総同盟、産別会議、日労会議）と生協（日本協同組合同盟＝のちの日本生協連）など三六の団体が、その枠組みを超えて連帯し、労働者の暮らしの安定をめざして共同行動を行う運動母体を結成した。それが一九四九（昭和二四）年八月三〇日に設立された中央労福協の前身、中央物対協（労務者用物資対策中央連絡協議会）である。「この協議会を産業別単産および単産の上部組織（中央労働団体）の枠を超えたものとし……労働者の生活福祉問題解決のための組織」としてスタートしたのである。

「福祉はひとつ」という組織の枠を超え全労働者の視点に立った運動体の誕生であった。

翌一九五〇年七月の日本労働組合総評議会（総評）結成直後の九月一二日に「中央福対協（労働組合福祉対策中央協議会）」と改称、「われわれはこの際、全国的労働団体の福利厚生部門の力を統一結集し、強力な連絡調整、指導のための機関として、ここに労働組合福祉対策中央協議会を設け……」と高らかに組織の理念を謳い上げている。中央福対協は結成されたばかりの総評加盟組合が中心となってはいるものの、多くの学識経験者をはじめ労働省、厚生省、建設省、運輸省、文部省、経済安定本部などの局長クラスや各新聞社の論説委員クラスなどを賛助員とするなど幅の広さを持っていた。

その後、一九五七年には「中央労福協（労働福祉中央協議会）」に名称変更、そして六四年に現在の「中央労福協（労働者福祉中央協議会）」となった。

中央労福協は結成と同時に中央労福協の動向に呼応するよう各都道府県に呼びかけ、つぎつぎに「労福協」が結成され、現在では四七都道府県すべてに地方労福協が作られている。

5　労働者のための銀行を——質屋と高利貸しからの解放を求めて

古典落語には、貧乏長屋のおかみさんが一張羅（いっちょうら）の着物を持って「質屋」に通い、当座のお金を工面する場面がしばしば登場するが、これは、江戸や明治時代の遠い昔の話ではなく、労働金庫が誕生するまでは、労働者の日常の姿であった。当時の銀行は、労働者に対する融資は一切行っていなかったからである。

そのため、一九四九（昭和二四）年一一月の総同盟第四回大会では、「従来の団結強化の叫びは口頭禅（こうとうぜん）の傾きがあったことを深刻に反省しなければならない……組合員は一つの闘争が終結すれば組合に対する関心が稀薄となり」としたうえで、相互扶助の精神に立脚した自主的な共済事業と労働銀行の創設を決議している。五〇年七月の総評結成大会でも「スト資金積立て、罷業金庫・中央労働金庫設立」の方針が掲げられた。さらに、五一年三月の総評第二回大会では、「豊富な闘争資金を持ちながら金融機能を持たない……いわんや労働者個人の生活資金の融資に至っては、銀行に預金を持ちながら、一切融資の途を絶たれているので、高利の質屋か闇金融にたより、益々生活の困窮に拍車をかけている」と、「労働銀行設立に関する件」が独立した議案として取り扱われている。

具体的には、一九四九年ごろから労働団体は労働銀行を創設しようと動き出す。これらを推進するために中央労福協を中心とする「生活物資の充実と労働金庫の設立」という協議の場が作られ、五三年の労働金庫法制定の大きな動力となったのである。こうして、労働組合・生協と労福協が母体となって、質屋と高利貸しからの解放をめざした「労働者の労働者による労働者のための銀行」としての労働金庫が全国に誕生していくことになる。

労働金庫設立には生協陣営の多大な協力があったことを特記しておかなければならない。一九四八年に制定された「消費生活協同組合法」では信用事業が認められなかった結果、生協の資金需要を確保するうえで、独自の信用事業の創設が何よりも必要であったからである。じっさい、五〇年九月に岡山で設立された労金（当時は信用組合）は生協が中心になっている。また、労金法上、一号会員の労働組合に次いで生協が二号会員になっており、三号会員の公務員の職員団体よりも前に位置付けられていることからも、生協の関わりが大きかったことを物語っている。

6　労働者の手で共済を——設立直後の大火に迅速に対応し信頼を得る

労働者共済事業についても、一九五一（昭和二六）年一一月の中央福対協第三回総会で、互助共済事業を高めるための「共済事業の具体化」が決議され、この決議に基づいて「全国共済連絡会議」が設置されることになった。そして、五四年に大阪で、翌年には新潟で先駆的に火災共済事業が立ち上がった。ところが、新潟では発足後わずか五か月目に、当時戦後最大といわれた新潟大火災が発生したのである。罹災した四〇人の組合員に対する見舞金総額は一二六八万円余（現在の貨幣価値に換算するとおよそ二億五〇〇〇万円）にものぼった。発足したばかりで掛け金収入が二六〇万円しかなかったにもかかわらず、「借りた金はいつかは返せるが、失った信用は二度と戻らない」と掛け金収入をはるかに上回る見舞金を、新潟県内三〇の労働組合が新潟労働金庫から借り入れ、迅速に給付し終えたことで、火災共済の信用が一気に高まったのである。じっさい、現在の貨幣価値で一人約六〇〇〇万円の見舞金は、一一〇月二五日、新潟労金の預金通帳に記帳して渡され、受け取った組合員は涙を流して喜んでくれたという。

労働組合の力を発揮した共助の実績を目の当たりにして、他県の労働組合・労福協が次々と共済事業を開始する契機になったという意味で、新潟大火は記憶にとどめておくべきだろう。火災共済はリスクを分散すればするほど安定することから、その直後、中央労福協に共済懇話会が生まれ、労済設立世話人会議へと発展、ついで労済協議会・労済連、そして今日の全労済につながっていくのである。

その後も労福協は、住宅生活協同組合、労働者福祉会館、勤労者旅行会、労働者信用基金協会など、多くの協同事業の組織化と育成を進めてきた。

また、二〇〇六年には、一九七〇年代から独自に仕事づくりの活動を進めてきた労働者協同組合連合会（ワーカーズコープ）が中央労福協に加盟し、労働者自主福祉の陣営がさらに広がっている。

7　支え合い・助け合い（連帯・協同）の実現

このように戦後の労働組合はイデオロギーの対立を超え、生協とも協力しつつ中央労福協を設立し、それらを母体に労働金庫と全労済を誕生させ、労働者どうしの支え合い・助け合いを実現してきたのであった。生みの親は労働組合と労福協であり、労働運動が自分たちで自主的に作りあげたという意味で、労働金庫や全労済が「労働者自主福祉事業（運動）」と呼ばれているのである。労働組合にとって労働金庫や全労済は単なる「業者」ではなく、「ともに運動する主体＝当事者」であるという歴史を忘れてはならない。

七　労働運動と労働者自主福祉運動の関係性
——過去と現在の変化

1　労働運動と生協の関係の変化

中央労福協が労働運動と生協を母体にして誕生し、労働金庫はその労福協・労働組合・生協を母体に作られ、最初に設立された労働金庫（当時は信用組合）は、生協を母体にして岡山で誕生したことは、先に述べた。にもかかわらず、今日その関係にはそれぞれ温度差が生じている。たとえば、生協は今も中央労福協の主要な加盟団体の一つであるけれど、すべての地方労福協に地元の生協が加盟しているわけではない。労働金庫法上、有力な会員であるはずの生協事業（運営資金、設備資金）に対する労働金庫の融資残高はわずか二二億円と全体の融資額の〇・二％にも満たない。縦割りの行政指導のもとでそれぞれが独自に事業展開し、発展（成功）してきたため、お互いをビジネスパートナーとして見る必要がなかった結果でもあろう。

もっとも近年、生協組合員に対する労金融資は一兆円規模にまで急速に拡大している。また、共済事業を共同で展開してきたことから、全労済と生協の関係には深いものがある。

同根であったはずの労働組合と生協の関係はいつの間にかきわめて疎遠になってしまっている。員外利用の禁止、県域規制などの法的規制から、全国展開する労働組合との接点が持ちづらかったこと、班と共同購入を原則とする組合員のほとんどが女性で労働組合員と重なり合わなかったこと、生協の消費者運動や環境運動が当時の労働運動の主要なテーマになりえていなかったことなど、さまざまな理由が考えられる。

また、食料難から戦後続々と誕生した生協、とくに地域生協は、その後食糧事情が若干好転したことや生協の発展を促す法制度が不十分であったこと、ドッジラインで経営が危機的状況に陥ったことなどから、その多くが短命に終わってしまっている。さらに、一九五〇(昭和二五)年ごろからの数年間は、地域生協における運動が停滞し、労働組合陣営との接点が途切れがちになったことも影響しているのかもしれない。

2　労働運動と労働金庫・全労済の関係の変化

労働金庫、全労済が相次いで設立されたものの、労金には思うように預金が集まらない。それは、労働組合の作った銀行は本当に大丈夫なのか、と労働者が懸念したというのだ。そこで、労働組合の役員と労金職員が一体となって組合員をオルグし、預金獲得に奔走し、そして小口の生活資金や住宅・教育資金を融資してきたのである。全労済も同様である。だから、労金や全労済の役職員は「オルグ」と呼ばれ、文字通り、労働組合と労働金庫や全労済は、「ともに運動する主体＝当事者」であった。こうした努力の結果、今日、全国の労働金庫の預金量は二一兆円、融資額は一四兆円を超えるまでに発展してきたのである。また、全労済は七六〇兆円の保障を引き受けるまでに成長した。

ところが、最近は労働金庫・全労済と労働組合の関係が、あたかも「業者」と「お客さま」の関係になってしまったのではないか、といわれている。それは、労金・全労済職員が労働組合の事務所を訪問する時の言葉使いにも表れているのではないだろうか。「オルグに行く」から「営業に行く」、「お疲れさま」から「お客さま、ありがとうございます」へ、などと。一方の労働組合役員も労働金庫や全労済を市中の銀行・保険会社の一つとみる傾向が強くなっている。「ろうきん運動・全労済運動の推進」を運動方針の柱の一つに掲げる労働組合も少なくなっただけでなく、そもそも労働金庫や全労済、労福協のことを全く知らない組合役員も増えてしまった。

歴史を忘れた民族は滅ぶ、という格言がある。生協が後押しし、労働組合が労金役職員と一体となって育んできた労働金庫、全労済の歴史を忘れてはならない。

（1）労働金庫との関係性

労働金庫との関係で具体的に述べてみよう。「労働金庫に融資を申し込んだが断られた」という話を聞くことがある。もちろん、組合員といえども融資できない、してはいけない人は存在する。ただ、ここで指摘したいのは、通常は貸せない多重債務者のことではない。労働金庫が断った案件で、市中銀行では融資を受けられた事例が散見されることを指している。そもそも銀行で融資を受けられないから労働金庫を作ったのではなかったか。やはり、組合員であるという「信用」はもっと考慮されるべきではないか。数少ない事例であっても労働金庫にとってマイナスイメージは甚大である。

労働金庫のリスク管理債権比率は、他の金融機関に比べて低いことは事実であるが、過度の優良性の強調は「貸し渋り」となんら変わらないことを、もっと自覚すべきではないだろうか。

（2）全労済との関係性

全労済との関係でも具体的な変化がみられる。全労済が職域協力団体でアンケートを実施した「住まいと暮らしの防災・保障点検運動」の結果（二〇一二年一二月理事会報告）に驚かされる。何と七八・五％の労働組合員が全労済に「未加入」または保障の備えが「不十分」であることが明らかになったのである。一九八三（昭和五八）年に誕生した「こくみん共済」が全国的に大きく普及し、職域協力団体のシェアを上回るようになったことも手伝ってか、労働組合と全労済の関係が思いのほか疎遠になっているという事実をわれわれに突きつけている。もっとも、見方を変えれば、このところ厳しさを増している全労済事業にとって、「宝の山」が眼前に存在していることが判明したと、とらえることができるのだが。

二〇一九年六月から、全労済の愛称が「こくみん共済ｃｏｏｐ《全労済》」に代わった背景にはこうした事情があることも見ておかなければならない。

3 協同組合（連帯・助け合い）であるという認識の希薄化

最近の労働組合役員のなかには、「労働者が困ったときに労働金庫が助けるのは当たり前、貸出金利はどこよりも安く、しかも預金金利はどこよりも高く」と主張する人がいる。これは、協同組合（金融）は連帯・助け合いを基礎として成り立っているという認識が希薄化していることの表れである。

いうまでもなく協同組織の神髄は、連帯・支え合い・助け合い、つまり〝困ったときはお互いさま〟にある。しかし、連帯・助け合いという言葉はきれいに聞こえるが、実はそう簡単なものではない。たとえば、本当に困っている組合員に融資するための資金は、さしあたり今は困っていない組合員の預金が充てられる。まれに返済不能に陥ることもある。連帯し支え合う人々の利害は時として、立場によって対立することもある。

「情けは人のためならず」ぐるっと回って自分のためになるのだという連帯・助け合いの意味を、労働組合も再認識する必要があろう。労働運動がめざす「連帯社会」は、いい時も悪い時も支え合う、お互いの違いを認め合い、他人との煩わしい関係も受け入れながら、みんなが少しずつ折り合いをつけながら生きていく社会なのだから。労働金庫は市中の銀行と全労済は生損保会社と、生協はスーパーマーケットと市場で日々競争にさらされている。労働組合・組合員が協同組合にサービスの「いいとこ取り」だけを求めていては、そもそも協同組合事業は成り立たないのである。

4　戦後労働運動の分立・対立が影を落としている側面はないのか

このように、今日の労働運動が、自主福祉運動の成り立ち、その歴史や連帯・助け合い（共助）である協同組合の精神を忘れかけている、さらには協同組合の非営利性の意味（八七〜九〇頁参照）をはき違えている面は否めない。このことは、労金・全労済の職員も同様で、結果として今日、労働運動と労働者自主福祉事業の関係が薄れていることにつながっていると思われるのである。

しかし、それだけではない。連合結成までの日本の労働運動は総評・同盟・中立労連・新産別の四団体が分立していたが、総評や中立労連に加盟していた労働組合が労金・全労済運動に比較的積極的であったのに対して、同盟加盟の労働組合の関わりが、産別や地域によって濃淡はあるにせよ、やや薄かったことも影響していることを指摘しておかなければならない。実は、戦後労働運動がイデオロギーの違いを超えて「福祉はひとつ」と、こぞって取り組んだはずの自主福祉運動であるにもかかわらず、その後の総評・同盟という労働運動の分立と対立の歴史が、結果として、労働者自主福祉事業に色濃い影を落としてきたのだった。以下、その歴史を労金・全労済とのかかわりで、追ってみることにする。

八　戦後労働運動の分立・対立と労働者自主福祉運動への影響

1　松岡駒吉と高野実

話を松岡駒吉と高野実の戦後の出会いから始めようと思う。労金や全労済の設立や運動に微妙な影を落とすことになったのは、二人の連携と後の対立に遠因があると思われるからである。

敗戦直後の一九四五（昭和二〇）年九月中旬、戦前の日本労働総同盟で会長だった松岡駒吉を、合法左派の全評のリーダーだった高野実が訪れた。対立を繰り返していた戦前のいきさつから、松岡の周辺では高野を疑う声も強かったが、敗戦という状況がそうした疑念を打消し、共産党の指導によらない統一した大きな労働総同盟を作ろうという機運が盛り上がってきたのである。こうして、一〇月には総同盟結成（再建）の準備が始まった。

それに対して、共産党が指導する産別会議結成の動きも始まった。その結果、一九四六（昭和二一）年八月に、総同盟と産別会議が相次いで結成されることになった。総同盟が「日共の過去・現在の態度からしてにわかに信頼できない。社会党幹部を戦犯呼ばわりするのが労戦統一のさまたげ」といえば、共産党は「もっとも悪質なるものは、中央集権をもってダラ幹の専制を強行している総同盟の体質である。荒畑寒村、高野実も同様」と批判するような状況であった。

その年の三月、英国のチャーチル首相が「鉄のカーテン」演説を行い、ヨーロッパではすでに冷戦が始まろうとしていた。とはいえ、日本の軍国主義の残滓を一掃し、民主主義を育てるという理想に燃えたGHQのニューディール派のメンバーは、戦前の運動を引き継ぐ総同盟の体質を嫌悪していたようで、当時はまだ産別会議に同情的であった。

2 GHQの労働組合政策の転換と高野実

一九四七（昭和二二）年に入ると、米国がトルーマンドクトリンやマーシャルプランを打ち出すなど、東西の冷戦構造がいよいよ顕著になりだし、労働組合にたいする占領政策が容共から反共へ、徐々に転換していく。労働運動では、二・一ゼネストを機に産別会議のなかからも共産党の指導に対する批判が出始め、産別民主化同盟が誕生する。こうしたなかで、総同盟と産別民主化同盟が連携を強めていき、内外から産別会議の影響力が低下していくのである。その橋渡しの中心的な役割を担っていた総同盟少数派であった高野実が、この頃から影響力を増していく。

そして、一九四八年一〇月の総同盟第三回大会で、高野が右派の原虎一を破って総主事に選出される。その年、昭和電工事件で総同盟右派の西尾末広が逮捕され（後に無罪）、総同盟大会で除名されたのも微妙に影響したのかもしれない。この頃、GHQのなかからニューディール派のスタッフは一掃され、占領政策もそれを具体化する労働省の施策も反共一辺倒になっていく。

それに伴って、GHQ労働課のブラッティと労働省の飼手眞吾労働組合課長が、総同盟主事の高野をバックアップしていった、と巷間伝えられている。

3　総評結成、総同盟解散をめぐる対立と労金・全労済

具体的には、労働省は一九四八（昭和二三）年一二月、反共宣言ともいえる「民主的労働組合関係の助長」という次官通牒（通達）を出す一方、翌四九年四月には、そうした労働組合が労務用物資の調達や生活福祉問題に取り組むことを、全国的に支援せよとする「労働福祉関係事務の推進」という労政局長通牒を出している。そして、労働省の支援を受けて、四か月後に中央物対協が設立されたことは先述した。中央物対協事務局は当初は労働省内に置かれたのであった。

こうしたなかで、高野実が主導権を確立したといわれる一九四九年一一月の第四回総同盟大会では、労働銀行・共済の設立が決議され、翌五〇年七月の総評結成大会でも「罷業銀行」設立の決議がなされるなど、労働銀行・共済を作る動きでは、労働運動は一致していたのであった。そして、労働銀行（当時は信用組合）設立の動きは各地で始まり、じっさい、労働界全体のコンセンサスを得て、同年九月には岡山で、一二月には兵庫で事業が開始されている。

しかし、労働運動のあり方をめぐり、一九五〇年から五一年にかけて、左右の軋轢が表面化するにつれて、事情は一変する。総同盟を解散し産別整理をしたうえで、新たに結成する総評に結集させようとした高野と、総同盟解散に反対する右派との対立である。その結果、対立の激しい地域ほど、労金・全労済の設立とその後の運動にねじれを生むことになった。

4　ブラッティ書簡をめぐる人間的不信

高野実に対する総同盟右派の人間的な不信も、対立を増幅させたように思える。典型的には、一九五〇（昭和二五）年六月、全繊同盟第五回大会直前に、GHQ労働課のブラッティから滝田実会長に送られた書簡（注1）をめぐる問題である。

GHQ労働課がアメリカの労働事情を視察させるために、総同盟主事の高野実の推薦で、全繊同盟執行委員で大日本紡績労組犬山支部の徳田千恵子を指名したのが、ことの始まりである。

本部の高山恒雄組合長は聞かされておらず、手続き的に問題があるとして「徳田君を全織同盟の代表として認めることはできないし、この問題でGHQや労働省のとった態度は遺憾である」という態度を決めた。ブラッティ書簡はこの決定を非民主的であると高山会長を名指しで批判したのである。

そしてこの書簡の写しが、全織同盟大会会場で大量に撒かれたことから、真偽はともかく一連の動きは高野らが企てたことだ、と思われたのであった。この問題で、高野に対する不信が一層つのり全織同盟の大会では、高野がリーダーの一人である総評加盟が保留される一方、有力な会長候補であった高山は立候補できず、滝田実会長の続投が決まったのである。

こうした、不信と路線対立が労働金庫や全労済の設立に反映していることを具体的に見ておこう。

5　大阪労金と関西労金、神奈川労金と友愛勤労信用組合

大阪と神奈川で労働者の信用組合が二つできた背景には、労働組合間の組織対立が横たわっている。一九五〇(昭和二五)年七月に総評が結成され、翌年三月に総同盟が解散して総評に合流したのだが、これに反対した総同盟刷新派が六月に総同盟を再建することになった。その中心メンバーが神奈川の天池清次、埼玉の井堀繁雄、大阪の金正米吉であった。総同盟解散を推

進した高野実との対立でもある。全国で労働金庫を作ろうと動き出していた時期である。一九五二年一月に総評加盟組合を中心として大阪労金（大阪勤労信用組合）を設立したのに対して、七月には、大阪総同盟を中心とする関西労金（大阪労働信用組合）が誕生している。そして、双方とも労金法制定のために労働省の肝煎りで設立された「労金協会」に加盟した。総同盟大阪の会長で、関西労働金庫初代理事長になった金正米吉は、すでに設立されていた埼玉労金井堀繁雄理事長から「一県一金庫の認可基準ができるので早くやらないと作れなくなる」とせかされて設立したという。こうして、五三年に労金法が制定され、一県一金庫の認可基準が作られたにもかかわらず、例外的に大阪では二つの労働金庫が併存することになった。両金庫は、九八年、近畿労金設立時に円満に合流した。

また、神奈川県では、一九五二年三月に神奈川労金（神奈川勤労信用組合）が設立されたが、翌五三年一一月、天池清次を理事長とする友愛勤労信用組合が誕生している。一本化をはかろうと、瀬戸喜久雄（当時日産生協専務理事）が、総同盟神奈川の主事であった天池清次を訪ね、「イデオロギーの相違なんだから俺は俺、お前はお前で勝手にやる」ということでは神奈川に労働者の金融機関が二つできることになる、と説得に行ったが物別れに終わった、という。友愛勤労信用組合は、労金法制定以降に設立されたため、一県一金庫の原則から労金法による労働金庫に転換できないまま、九五年に神奈川労金に事業譲渡され、一本化された（注2）。

6　分裂しなかった埼玉労金、東京労金

いっぽう、埼玉県ではすでに総同盟分裂前からすべての労働組合を結集して、井堀繁雄を中心に労金の設立準備が始まっていたので、労金が分立することがなかった。そして、埼玉労金は総同盟再建直後の一九五一（昭和二六）年七月に井堀繁雄を初代理事長として営業を開始している。

一九五二年五月一日に営業開始した東京労金も分立しなかった。東京労金の初代理事長には大蔵省出身の今井一男が就いた。中央金庫的な性格を持つため、理事長は労働組合出身者ではなく中立的な人がいいと担ぎ出されたのであった。確かに、副理事長には後に日本生協連会長になった中林貞男や高野実総評事務局長、顧問に賀川豊彦が就任するなど、他の金庫とは異なった布陣となっている。この時は総評に批判的だった全繊同盟などの組合もまだ総評に留まっており、全繊同盟東京から監事が選ばれている。こうして、東京では労金が分立することはなかったのである。

このように、総評と総同盟との対立が激しかった県では、労金と総同盟（のちの同盟）加盟組合との関係は深くはない。これは、全労済との関係でもみてとれる。

7　全労済と県民共済

労働組合が母体になって設立した共済事業が二つある。全労済と県民共済である。なぜ二つできたのか、総評全国金属と総同盟全金同盟との関係から見るのが興味深い。高野実の指導で一九五〇（昭和二五）年七月の総評結成に伴って総同盟金属が解散し、一〇月には総評全国金属が結成された。それに対して、翌五一年、総同盟金属解散に反対する大阪・神奈川・埼玉などの労働組合を中心に全金同盟が再建されている。そして、全金同盟が五三年に総同盟金属共済という単産共済をスタートさせている。五四年一二月の大阪での火災共済（全労済）開始よりも以前のことである。その後も、化学、食品、専売、海員組合など、いわゆる総同盟再建派の産別が単産共済を開始している。これに対して総評全国金属は、他の総評グループの労働組合とともに各県で共済（全労済）運動に力を入れていくことになる。じっさい、国労や日教組、自治労、全逓、全農林、全電通など総評グループの組合が単産共済を開始するのは、一九六三年以降である。

そして、一九七二年、総同盟金属共済の中心メンバーの一つであった全金同盟埼玉地方金属（二万七〇〇〇人）が中心となって地域共済として「県民共済」が作られた。これに対して全労済サイドが「似非共済だ」と批判したことから、両者の対立傾向は一層強まったのである。八三年に全労済がこくみん共済を発売したが、県民共済もその頃から全国展開し、現在では四四都道府県に作られている。

総評結成後の総同盟分裂と再建、全労会議、同盟結成に伴う労働組合間のイデオロギー対立（幹部の人間関係に根差すところも大きい）、激しい組織競合の結果、総評＝「全労済」、総同盟・全労会議・同盟系＝「全労済と一線を画す」というイメージができ上がった。この傾向は、分裂と組織競合の度合いによって、各県で濃淡が見られる。

このように、労働運動をめぐる高野実と松岡駒吉の戦後直後の協力関係と後の対立が、曲折を経て労金・全労済などの労働者自主福祉事業に深い影響を与えることになったのである。

（注1）一九五〇（昭和二五）年六月二三日付で、GHQ労働課のヴァル・ブラッティから全国繊維産業労働組合の滝田実会長に宛てられた書簡を指す。一部を抜粋する。「親愛なる滝田氏　私は貴下の組合の綿紡部会に存在する重大なる事態につき貴下の注意を喚起したいと思う。……綿紡部会長兼大日本紡績分会長高山ツネヲ氏は会社側よりの不当な攻略に対して該組合員を擁護せなかったのみならず、さらに経営者と共謀の下にその攻撃に加わったのである。彼の行為は許し難き組合役職の悪用である。……若し貴下が希望せられるならば、私は本問題につき、喜んで貴下と直接お話し申し上げるであろう。敬具」

（注2）日産労組は友愛勤労信用組合との関係が深かった。それには次のようなエピソードがある。一九五三（昭和二八）年の日産争議で、全自日産分会が分裂し、ほとんどの組合員が新しい日産労組に移った。当時、全自日産分会は組合員の生活資金を労働金庫からの融資でまかなっていたが、借り受けた組合員は返済しないまま、日産労組に移行したのである。そこで、労働金庫は組合員個々人への取り立てを行ったところ、日産労組の役

員は「労働者のために作った労金が、労働組合間の対立を煽るのか」と激怒したという（塩路一郎『日産自動車の盛衰』緑風出版、二〇一二年）。こうした事情もあって、日産グループの労働組合が労働金庫との関係を持つのは、友愛勤労信用組合が神奈川労金に事業譲渡されて以降のことである。

（参考文献）
ものがたり戦後労働運動史刊行委員会編『ものがたり戦後労働運動史（Ⅰ〜Ⅲ）』教育文化協会、一九九七〜九八年。

第III部

労働運動と労働者自主福祉運動の未来に向かって

一　二〇一二年国際協同組合年の持つ意味

二〇一二年は国連が定めた「国際協同組合年」であった。新自由主義が横行し、実体経済とかけ離れた金融経済が社会を動かした結果、世界中で格差が拡大し、貧困が固定化してしまった。日本も例外ではない。年収二〇〇万円以下のいわゆるワーキングプアが一一〇〇万人にものぼり、人々が孤立化した貧困社会になってしまっているのだから。

その貧困を克服するうえで、二〇〇八年のリーマンショックにも健全性を発揮した協同組合の枠組みはきわめて有効であると考えられるので、各国政府に対して協同組合に対する法制度の整備、税制上の後押しを求めたのが、国際協同組合年の意味である。

それを受けて、国際協同組合同盟（ＩＣＡ）は二〇一二年一一月、国際協同組合年をスタート地点として、二〇二〇年を視野に入れた「協同組合の一〇年に向けた計画」を策定した。協同組合の発展こそ、人々のきずなと安心できる暮らしを回復させ、地域社会に役立つことにつながることを確信して、そこでは、自治と自立、組合員による民主的管理を通して、①経済・社会・環境の持続可能性において認知されたリーダーとなる、②人々に最も好まれるモデルとなる、③もっとも急速に成長する事業形態となる、という三つの目標を掲げたのであった。

さらに、二〇一五年九月には国連本部で「持続可能な開発サミット」が開催され、二〇三〇年までに達成すべき「持続可能な開発目標（Sustainable Development Goals＝SDGs）」を定めた。貧困をなくす、健康と福祉、ジェンダー平等など一七の具体的な課題を国際社会が共通して実践することで、「誰ひとり取り残さない」持続可能な社会を達成しようとするものだ。そのなかでも、協同組合は役割を果たすべき民間セクターとして位置づけられることになった。

加えて、二〇一六年一一月、国連教育科学文化機関（ユネスコ）は、協同組合を無形文化遺産として登録した。ユネスコは決定に当たって、「協同組合は共通の利益と価値を通じてコミュニティづくりを行うことができる組織であり、雇用の創出や高齢者支援から都市の活性化や再生可能エネルギープロジェクトまで、さまざまな社会的な問題への創意工夫あふれる解決策を編み出している」と協同組合に対する大きな期待を寄せている。もっとも、文化遺産とは、「前代の人が残した業績」という意味でもあり、努力し続けなければ存続が難しいことに留意しなければならないのだが。

このように、協同組合に対する期待は近年とみに大きくなってきている。では、今日の貧困社会日本から抜け出し、安心・共生の社会をつくるために、労働運動と生協・労金・全労済をはじめとする協同組合陣営が、未来に向かって具体的にどのような目標を持ち、役割を担うべきなのだろうか。

結論を先回りしていえば、労働の尊厳が尊重される社会をつくるための労働運動の力と暴走する市場経済の領域を縮小・相対化するための労働者自主福祉事業・協同組合経済が結合し、連携を再構築すること、そのうえで、それぞれの組織が「共益」の殻を超えて「公益」組織へ脱皮することが必要であることを指摘したいと思う。以下、具体的に述べてみよう。

二　協同組合事業を通じて「共益」から「公益」へ

二〇一九年に七〇周年を迎えた「労働者福祉中央協議会（中央労福協）」は、二〇三〇年ビジョンを策定した。そこでは、「貧困や社会的排除がなく、人と人とのつながりが大切にされ、平和で、安心して働きくらせる持続可能な社会」をめざすべき社会像に掲げている。二〇〇九年に確認した二〇二〇年ビジョンを継承・深化させたものだ。

中央労福協は、二〇一二年を国際協同組合年とする国連総会宣言も踏まえて、暴走する市場経済の負の側面を縮小・相対化する連帯経済の担い手としての「協同組合」の新たな展開に関する研究会を発足させ、協同組合がメンバーシップを基礎としつつ公益的機能を発揮していく必要性を提言としてまとめた（二〇一一年一一月「協同組合の新たな展開に関する研究会」報告）。

その報告書では、共助の組織でありつつ、事業を通じて公益に寄与する積極的な活動を行い、成功している事例がいくつか紹介されている。

本体事業の一環として、在宅介護や高齢者住宅への配達、買い物弱者や高齢者への生活支援などの地域サービスを展開しているもの、医療・福祉・介護サービスの供給自体を目的とした協同組合を設立し、地域社会に貢献している事例、組合員からのカンパを原資に別法人を設立し高齢者福祉事業を展開しているもの、産地との交流を基礎にしつつ、行政や農協とのネットワークを広げることにより、地域の活性化に寄与する産直運動の事例などがあげられている。

人びとが現に生活している地域社会で、生活に必需的なさまざまな社会サービスの提供に協同組合が役割を果たすことは、同時に新たな雇用・就労の場を作り出すことにもなるわけで、二つの面で公益性を発揮することにつながってくるのである。

三　本業の融資で公益性の発揮
――労働金庫への期待と可能性

こうした協同組合のあらたな事業を後押しするために、本来は労働金庫からの事業融資・協力が欠かせない。

しかし現実には、労働金庫の二号会員である消費生活協同組合および連合会に対する融資残高は、最近の生協組合員に対する住宅融資等が伸びて一兆円を超えてはきたものの、肝心の生協の事業運営や設備資金などいわゆる事業資金の融資額は、わずか二二億円に過ぎない。さらに、労働金庫法で、金融庁長官および厚生労働大臣が融資先と認めている（施行令第三条）地方公共団体へは二七五〇億円、社会福祉法人三五億円、ＮＰＯ法人一四億円含めて全体で二八六〇億円にとどまっている。生協を母体にした特養施設が、設立時の資金調達で労働金庫に融資を打診したが断られた、という事例も先の研究会報告でも指摘されている。労働金庫側に融資ノウハウが乏しいとはいえ、融資実績を重ねなければ、待っているだけではノウハウは蓄積されない。

地域社会に貢献する事業に対する資金需要はきわめて多い。たとえば、団塊世代の老後を支える「高齢者向け集合賃貸住宅」の需要が増え、社会福祉法人、生活協同組合、医療法人などが積極的に建設・運営に関わろうとしている。退職者の相続や遺言、成人後見人、リバースモーゲージなど生涯を通した取引を広げれば、労働金庫の信用力はもっと高まるはずである。

また、「労働者協同組合法」の成立が秒読みになっている。「労働」「出資」「経営」三位一体の労働者協同組合である。これまで日本では根拠法がないため、NPOや企業組合・有限会社などの法人格で高齢者・児童・障がい者等の福祉事業、子育て・保育事業をはじめ広範な事業を行ってきたのだが、法制定後は協同組合法人としての事業活動が始まる。労金にとっての融資先の拡大が見込めるのである。

このように、生協向けの事業融資を積極的に行うことはもちろん、地方公共団体との連携、公益社団・財団、社会福祉法人、医療法人、NPO法人など、金融庁長官及び厚生労働大臣の認める団体に対するアプローチを強めて、これらの法人の資金需要を調査し、取り込んでいく必要がある。

労働金庫は、こうした事業の資金需要に応えるのに最もふさわしい金融機関である。協同組合や社会福祉法人、NPOなどが新たに地域で提供し始めている事業の資金ニーズに応えることは、共益組織で始まった労働金庫が自らの事業そのものを通じて「公益」に寄与するのである。同時に、それは個人向け住宅ローン融資に偏重し過ぎていると指摘されている労働金庫の、個人向け住宅ローンに代わる骨太の融資モデルにもなる。労働金庫への期待と可能性はそこにある。

四　優遇税制の一部を「公益」に拠出を

協同組合は組合員のための組織である。組合員以外の利用は原則的に認めないという意味で、典型的な仲間うち（共益）の組織、いわばクラブである。その共益組織である「協同組合」には、事業分量に応じた配当金全額が損金として認められているほか、法人税・固定資産税・事業税・印紙税などで相当程度の優遇税制が適用されている。ＴＰＰの議論を機に、またぞろ金融・保険の競争条件の内外イコールフッティング化（公的介入、優遇税制の排除）が叫ばれ出している。なぜ、共益組織に税の優遇をしなければならないのか、と。

産業組合法を引き継いで戦後制定された「消費生活協同組合法」や「労働金庫法」における税の優遇措置は、今日の厳しい員外規制、県域規制との表裏の関係として一〇〇年以上前に誕生し引き継がれていることは、先に述べたとおり（一四〇頁参照）で、批判されるいわれはない。

とはいえ、戦後直後に作られた各協同組合法における組合員は、生協、労働金庫、全労済にせよ、当時は相対的に社会的な弱者と見なされていたがゆえに、税の優遇措置にもそれなりの説得性があった。しかし今日、いわゆるワーキングプアが全労済や生協の組合員になるのは、たやすくはないし、未組織のパート・有期・派遣で働く労働者を労働金庫の融資システムにそのまま適用するのも実際には難しい。そのため、今日の協同組合の組合員や労働組合員は、社会的にはむしろ「勝ち組」と見られがちである。それだけに、「勝ち組の仲間内組織になぜ税を優遇しなければならないのか」という声にどう応えるかが問われているのだ。

〝一人は万人のために。万人は一人のために〟で始まった協同組合は確かに「共益」組織であるとはいうものの「公益」に最も親和性のある組織である。であればこそ、こうした状況変化を受け止め、事業で得られた利益や剰余金（優遇されている税額相当分も含め）の一部をこれまで以上に目的意識的かつ積極的に「公益」に拠出していく必要性があるのではないだろうか。それはまた、ＩＣＡの地域コミュニティへの貢献という原則に合致するだけでなく、協同組合の理念に照らせば、むしろ必然的に果たすべき役割だと思うのだ。

法人税や固定資産税が原則非課税とされている社会福祉法人でも、課税相当額を積み立て、NPO等への助成を行い地域福祉に資する活動を応援する取り組みが始まっている。ましてや、経団連でさえ、経常利益の一%を社会貢献事業に拠出する「一%倶楽部」運動を行っているのだから。

「共益」を超えて「公益」へ。それは、これからの協同組合と労働組合が挑戦すべき方向性である。

五 すべての労働組合の方針に「労金・全労済運動」推進を
——連携を再構築する

「労働金庫」や「全労済」は単なる「出入り業者」ではない。労金・全労済運動をともに推進する主体であることはいうまでもない。労働組合の議案書には労働金庫や全労済のきれいな宣伝が印刷されていることが多い。しかし、肝心の運動（活動）方針に「労金運動・全労済運動推進」の項目を掲げる例はめっきり少なくなっている。最近の調査でも四分の一程度にとどまっているという報告がある。これでは、ふだん宣伝ポスターにしか接していない一般の組合員が労働金庫や全労済を一つの「出入り業者」と考えても不思議ではない。労働運動がこれを機に、労金、全労済、生協などの協同組合を外の者（出入り業者）と見なす現状を改め、「ともに運動する主体＝当事者」としてお互いの関係性を見直して欲しいと思う。手始めは、「労働金庫運動、全労済運動、協同組合との連携」を労働組合の毎年の運動方針に掲げることである。

六　労働組合も「公益性」の発揮を

結成三〇周年を迎えた連合は、二〇一九年一〇月「働くことを軸とする安心社会―まもる・つなぐ・創り出す」という連合ビジョンを発表した。多様性の広がりのなかですべての働く仲間一人ひとりをまもる、仲間同士をつなぐ、ディーセント・ワークを創り出す決意が語られている。近年、パート労働者や派遣労働者に加えて偽装請負で働く労働者やテレワーク労働者、ギグエコノミー労働者、さらには外国人労働者など、無権利な労働者が増え続けているが、こうした労働者をまもり、つなぐために、これまでの非正規労働センターを大がかりな支援組織「フェアワーク推進センター」に改編している。

労働組合と協同組合との関係に敷衍すれば、それは、「社会運動の核となり、格差、貧困など社会の不条理に敢然と立ち向かう。そのためには、労働金庫、全労済、労福協等と培ってきた共助の輪に、パート・有期・派遣で働く仲間や、長期失業者など最も共助を必要としている人々が参加できるよう具体的な取り組みを進める」という意味でもある。

ならばその取り組みの第一歩を、優遇されている税の一部をこうした労働者や生活困難者に対する支援に当てることから始めてほしい、と思う。具体的には、労金や全労済から労働組合に還元されている利用配当や出資配当、支払委託手数料の一部を拠出するのはどうだろうか。加えて、労働運動が過去から営々として積み立ててきた一兆二〇〇〇億円にものぼる闘争積立金の利息の一部を拠出することも考えてもらいたい。こうした行動こそ、社会的労働運動を進める労働組合が公益性を発揮するまたとないチャンスである。労働組合幹部の叡智と決断に期待している。

七　労働組合から公益を発揮する具体的な提案を

税引き後の預金利息の二〇％を、開発途上国の学校・医療などの生活向上や環境保護のために活用する『ゆうちょボランティア預金』のアイディアは、そもそもは労働運動から出たと聞いている。いっぽう、労働金庫は阪神淡路大震災直後に、利息の一部を震災遺児の支援にあてる定期預金「エール三〇」を発売し、組合員の善意五〇〇億円を集めた実績を持っている。こうした試みは、東日本大震災復興支援にも受け継がれている。大災害が発生した時に、助け合いの精神で目的意識的に利息の一部を拠出するような金融商品は、確かに労働金庫から労働組合に提案することはできよう。しかし、恒久的な制度として、労働金庫の預金利息の一部を「公益」に使えるようなしくみは、労働組合サイドから積極的な提案がなければ実現は困難である。しくみがあれば協力する組合員は多いはずだ。ローン返済を終えた退職者なら、意味あるお金の使い方により敏感に反応してくれるだろう。各級レベルの推進会議で、労働組合サイドから労働金庫への提案を望みたい。

また、連合静岡と静岡労福協で実施している、労働組合が労金からの利用配当金や出資配当金の一部を基金として積み立て公益に支出するしくみを、他県でも労働組合サイドから提案してもらいたいと思う。こうした行動こそ、社会的労働運動をすすめる労働組合の使命でもある。

八　協同組合に関わる人材養成

協同組合運動を担う人材を育てるしくみ作りが欠かせない。しかし、協同組合の理念と事業遂行能力（そろばん勘定）を両立させることは実際にはきわめて難しい（両立させるしんどさは協同組合につきまとう永遠の課題なのかもしれない）がゆえに、そのバランスをとれる人材を養成することは容易ではない。

日本の協同組合生みの親である賀川豊彦が晩年協同組合の精神を七つにまとめた「協同組合

中心思想」が参考になる。

生み出した利益はみんなで分かち合う【利益共楽】、強欲に走らない【人格経済】、元手はみんなで持ち寄る【資本協同】、誰も掠め取らない【非搾取】、一人一票原則、現場に近いところで物事を決めていく【権力分散】、時の政府や政党におもねることのない自立精神をうたった【超政党】、それらのことを繰り返し伝え学ぶ重要性を説いた【教育中心】である。

理念・道徳と本音・本性を揺れ動く人間の気持ちを是認したうえで、だからこそしめくくりに「教育」を繰り返す必要性を掲げているのは、そもそも協同組合事業の運営の困難さを表しているのである。

協同組合運動の社会的意義や使命を理解すると同時に事業継続のための収益確保の重要性を認識したうえで、人と人、人と組織、組織と組織をつなげるコーディネート機能を発揮する人材を育成するための幾層ものしくみを、労働組合と協同組合の共同事業として作り上げてほしい。二〇一五年四月に開校した「連合大学院」はその一つで、すでにこの五年間に四二名の卒業生を輩出している。これからも【教育中心】の思想を貫いてほしいと切に願っている。

労働組合と労働者自主福祉事業団体が創業時に立ち返って連携を再構築するとともに、「共益」の殻を破って「公益」に積極的に打って出ること。労働運動と労働者自主福祉運動の未来はそこにかかっている。

あとがき

WHOの公式情報（二〇二〇年六月一日現在）によると、新型コロナウイルスの感染者は世界で六〇〇万人、死者は三七万人を超え、それ以降もまだ感染者と死者の数が増え続けている。

日本では緊急事態宣言が解除されたものの、二〇〇三年のSARSコロナウイルスとは比較にならない感染力の新型コロナウイルスの前に、今なお世界中の人々が呻吟している。

緊急事態宣言下のおよそ二か月間、自宅で過ごすことを余儀なくされたので、打ち合わせや相談事などすべての用件をパソコンと携帯電話に頼ることになった。相手の顔も見えるし声も聞こえるので、実務的に困ることはなかった。

それなのに、一向に気持ちが晴れない、心が踊らないのである。なぜなのだろうと自問してみた。可視化できないウイルスゆえの不安がその根っこにあるにしても、最大の理由は、視覚と聴覚だけでは生身の人間どうしが触れ合うことで生じる感情の交差がないこと、人間どうしが五感で交流するときに生じる確かな手ごたえが感じられないことであった。

ネットを通じ、視覚と聴覚で意思の伝達が可能ではあっても、一緒に仕事をして汗を流し、手の届くところで会話をする直接的な触れ合いが断たれることが、これほどまでに心に影を落とすことになろうとは思いもしなかった。それでも、在宅で仕事ができる筆者などはその程度で済んでいる。

医療や介護、公共交通機関、小売店などそもそも直接関わることで人びとの生活基盤を支えながら、同時に感染防止のために対人接触を切断しなければならない矛盾の中で働く人の苦労は察して余りある。人と人とのつながり、連帯で成り立っている労働組合や協同組合の諸活動のしんどさも同様である。

しかし、人類が過去に何度も経験してきたように、いずれ近い将来、新型コロナウイルスと折り合いをつけながら、人が触れ合い、結びつきと笑顔が戻る日は必ずやって来る。

社会のありようを一変させたコロナ禍は、四半世紀にわたって過度に強調されてきた自己責任社会から人間どうしが支え合う連帯社会へ、大きく転換させるチャンスでもある。労働組合と協同組合の果たすべき役割はますます重くなってくる。

本書は当初、本年四月上旬に発刊する予定で校正を終えていたのだけれど、新型コロナウイルス感染症の広がりでいったん中断し、緊急事態宣言が解除されたのを受けてようやく刊行にこぎつけたものである。
旬報社社長の木内洋育氏の勧めがなければ、本書の出版はなかった。記して謝意を表したい。

二〇二〇年六月

著者

［著者紹介］
高橋　均（たかはし　ひとし）
一九四七年京都市生まれ。七四年読売旅行労働組合結成に参加。書記長、委員長。八〇年観光労連書記長、委員長歴任（現サービス連合）。九六年連合組織調整局長、総合組織局長を経て、二〇〇三年副事務局長に就任。〇七年労働者福祉中央協議会事務局長。現在、労働者福祉中央協議会講師団講師、明治大学労働教育メディア研究センター客員研究員、一般社団法人日本ワークルール検定協会副会長。

競争か連帯か
協同組合と労働組合の歴史と可能性

二〇二〇年七月一〇日　初版第一刷発行
二〇二〇年八月一〇日　第二刷発行

著者……高橋　均
装丁……佐藤篤司
発行者……木内洋育
発行所……株式会社 旬報社
〒一六二-〇〇四一　東京都新宿区早稲田鶴巻町五四四
TEL 〇三-五五七九-八九七三　FAX 〇三-五五七九-八九七五
ホームページ http://www.junposha.com/
印刷・製本……中央精版印刷株式会社

ISBN978-4-8451-1643-0